竹中平蔵

世界大変動と日本の復活

竹中教授の2020年・日本大転換プラン

講談社+α《プラスアルファ》新書

まえがき

日本社会の安定性は、世界から見ると〝特異〟である。

二〇一六年七月に第二十四回参議院議員通常選挙が行われ、各マスメディアが事前に実施した世論調査の結果通り、自民党が圧勝した。見事なまでに予想通りだった。欧州連合（EU）離脱（ブレグジット）を問うイギリスの国民投票と違い、何のハプニングも起こらなかった。

安倍晋三総理は参院選後に実施した内閣改造後の記者会見で、「参院で戦後最も安定した政治基盤を獲得できた」と誇らしく語った。九月下旬現在、日経平均株価はブレグジット以前の水準まで戻り、一万六千円台で推移している。

私は悲観論者ではない。かといって日本経済の行く末を決して楽観視していない。

日本経済に打撃を与える要因として、直近で心配されるのは安定を欠くヨーロッパの政治体制である。世界で最も信頼されるイギリス経済誌「The Economist（エコノミスト）」は、ブレグジットの次のヨーロッパの危機として、イタリアの銀行が抱える三千六百億ユーロ（約四十兆円）といわれる巨額の不良債権問題を取り上げている。

銀行再建・破綻処理指令（ＢＲＲＤ）をはじめとする厳格なＥＵルールに沿って、イタリア政府は不良債権処理を進めようとしたが、銀行の劣後債を保護されなかった個人投資家が老後資金を失い、自殺する事件が起きた。

マッティオ・レンツィ首相率いる民主党政権が舵取りを誤れば、反エスタブリッシュメント（支配階級）を掲げるＥＵ懐疑派の政治団体「五つ星運動」がさらに勢いづくだろう。「五つ星運動」は六月の首都ローマの市長選挙で話題の女性、ビルジニア・ラッジ氏を当選させている。

二〇一七年は三月にオランダ議会選挙、四月・五月にフランス大統領選挙、秋にドイツ連邦議会選挙という具合に、ＥＵ主要国で政権を選ぶ重要な選挙が次々に行われる予定だ。

たとえば、フランスではマリーヌ・ル・ペン氏率いる国民戦線が台頭しているように、いずれの国でも、イタリアの「五つ星運動」と同様、反ＥＵを掲げる、いわゆる極右的、民族主義的政党が勢力を拡大している。

もともとイギリスの国民投票を左右したのは、増加する移民の問題だった。アメリカ大統領選挙における共和党候補ドナルド・トランプ氏も、「メキシコから入ってくる不法移民がアメリカ人の職を奪っている。大統領になったら、メキシコ国境に万里の長城を築く」と訴えて、多くの支持者から拍手喝采を浴びた。

単なる経済格差を超えた、絶望的な〝断崖〟を前に、憤懣《ふんまん》を抱えた人たちが特定の人たちを悪者に仕立てて、自分の鬱憤《うっぷん》晴らしをしようとする。こうした不満の声に政治家が安易に応えて、極端ともいえる政策をアピールする。アメリカで国務次官を務めたロバート・ホーマッツ氏は、欧米で見られるこうした一連の政治的傾向を「ハイパー・ポピュリズム（極度の大衆迎合主義）」と呼んで警鐘を鳴らしている。

今後の世界の行方は、イギリスＥＵ離脱を受けて、「一時の不満で意思決定をすると、ものすごい損失を受けるぞ」という具合に、ポピュリズムの流れに歯止めがかかるのか、それともイギリスをきっかけにポピュリズムが加速していくのか、欧米社会がどう動くかによって様相が著しく変わる。

私はＥＵ離脱交渉をイギリスがそれなりにまとめるのではないかと予想するが、仮にＥＵ主要国の政治基盤がハイパー・ポピュリズムによって不安定になれば、世界経済にも当然、悪い影響が出てくるはずだ。

世界経済が不安定化すると、世界のマーケットでは日本社会の安定性が評価され、日本円が買われることになる。イギリスの国民投票の結果を受けて、円相場は一時、一ドル＝九十九円台まで上昇した。今後も円が急騰し、企業業績に打撃を与える局面もありうるだろう。

しかし、私が本当に心配するのは、近々起こるかもしれないヨーロッパの政治危機ではない。肝心の日本の安定性である。これから何年も続くかどうかは保証できない。

何より気がかりなのは、低成長が続く日本経済である。

アベノミクスの第一の矢である金融政策によって最悪期を脱したのち、妙な一服感が日本中に広がったせいなのか、構造改革の動きが緩慢になっているように見える。このため、国民の誰もが実感できるような具体的な改革の成果が出ていない。海外に出るとわかるが、アベノミクスに対する外国人投資家のエクスペクテーション（期待）がしぼみはじめている。

さらに不安なことに、日本の政治にもハイパー・ポピュリズムの影が確実に忍び寄っている。記憶にまだ新しいが、二〇一六年二月末には「保育園落ちた日本死ね！」という、たった一つのブログが衆議院予算委員会で取り上げられたことで、国会審議が右往左往する事態を招いた。参院選時にも、「生活がよくなった実感がない」「安定した仕事が見つからない」「脱成長で心健やかに暮らしたい」などといった、安倍政権に対する不満の声があちらこちらで聞こえてきた。こうした一つ一つの意見に応えようとすると、結局痛みを伴う改革に手がつかない恐れがある。

私はアベノミクスの基本的な考え方は間違っていないと考えている。アベノミクスについて聞かれると、常々「ＴＩＮＡ」と答えてきた。これはイギリス元首相のマーガレット・サッチャーの言葉で、「There is no alternative」の略、つまり「これ以外の方法はない」という意味である。対策もないままアベノミクス批判を繰り返す一部野党やメディアこそが問題だ。ただし、これが本当に実現できるかどうかは、まだわからない。安倍内閣にとっては悲願の憲法改正も大事だが、それ以上の政治の強い決意をもって、ぜひ必要な改革を実行してもらわないといけない。

アベノミクスの危機は、日本の危機に直結するからである。

第九章で詳しく解説したが、早ければ二年後の二〇一八年に日本経済は正念場を迎える。改革に残された時間は限られている。

日本経済が浮上するかどうかは、アベノミクスが成功するか否かにかかっている。

◉もくじ

第二章　国民を欺く消費増税派の財政再建策

第三章　「大転換」を起こすのが日本人のお家芸

第一章　アベノミクスの真価が今、問われる

大断層で分断される世界

二〇一六年六月、ＥＵ離脱の賛否をめぐって国民投票が行われたイギリスで、ショッキングな事件が起きていた。ＥＵへの残留を支持し、難民保護の運動にも加わっていた労働党のジョー・コックス下院議員が、イギリス中部バーストールで地元有権者との集会を終えた直後、銃撃されて亡くなったのである。

暗殺現場となったバーストール近郊ではイスラム系を中心とした移民がもともと多く住んでいた。二〇〇七年の世界金融危機（サブプライム住宅ローン危機）以降、貧富の差がイギリスで拡大すると、極右支持者から移民の排斥を求める声が出ていたという。逮捕されたトーマス・メイア容疑者はコックス氏を襲撃した際、「ブリテン・ファースト（英国第一）」と叫んでいたと報道されている。

二〇一〇年、アメリカのビジネス書の中で最も読まれた本の一つに『FAULT LINES』がある。ＩＭＦ（国際通貨基金）のチーフエコノミストを務めた後、インド準備銀行（中央銀行）総裁として、インド経済の安定に貢献したラグラム・ラジャン氏によって書かれたこの本は、日本でも『フォールト・ラインズ「大断層」が金融危機を再び招く』（翻訳・伏見威蕃、月沢李歌子／新潮社）というタイトルで出版された。

この本は、今日の状況に対しいくつかの重要な示唆を与えてくれている。ラジャン氏によれば、現在の世界を見渡してみると格差に代表されるように、さまざまな〝断層〟があり、その越えることのできない断層が人々に大きな絶望感を与えているという。

さらにその視点を金融の分析にも応用し、サブプライムとはそのような断層の下の人たちに一つの夢を与える商品であり、それに入れ込みすぎたためにサブプライムショックを起こすまでに至った、と分析している。

ラジャン氏の分析は不幸にも当たったように見える。断層による社会の分断が今、アメリカのみならず世界中に広がっている。

アメリカ大統領選挙で、「アメリカ・ファースト（米国第一）」を掲げ、「中国や日本などを貿易で打ち負かす。これらの国はわれわれから多額の金を奪っている」などと過激な主張を繰り返したトランプ氏が、共和党候補に選ばれたのもその流れの一つだろう。トランプ人気の背景には、所得格差が急激に広まる現在のアメリカ社会のなかで、不満や絶望を抱え、「社会から取り残された」と感じている低所得層の白人からの強い支持があった。

歴史的に見れば日本は相対的に断層が少なかった地域であることは明らかである。しかし、経済が悪化するなか、今後は断層が拡大することが予想される。政策を考えるうえでも、ラジャン氏が指摘した断層をいかに埋めるかという問題は、重要度が増すはずだ。いかにセーフティネットを高めつつ、経済成長も高めていくのか、といった新しい発想が必要になってくる。

日本でも早めに手を打たないと断層の問題が間違いなく顕在化してくる。すでに自治体から就学援助を受けている小学生・中学生の割合はだんだんと上昇している。日本の場合、社会保障から抜け落ちている若者の絶望感、孤立感が心配である。

第一ステージは高評価

こうしたなか、日本では七月十日、任期満了に伴う参議院議員通常選挙が行われた。選挙年齢が二十歳以上から十八歳以上に引き下げられたことで注目された、この選挙の大きな争点になったのが、安倍政権が掲げる経済政策「アベノミクス」の是非であった。

与党自民党が若者の就職率向上や税収増を例に挙げて、アベノミクスの成果をアピールしたのに対し、民進党を中心とする野党は「円安・株高にすれば企業が儲かって賃金が上がり、消費は上向くというが、実質賃金は五年連続で下がっている。消費、収入は冷え込んだままだ」と批判を一斉に強めた。

先日、あるテレビの報道番組に出演した際、私はキャスターから「約三年半にわたるアベノミクスの成果を十点満点で採点してほしい」と求められた。これに対し、私は合格点を意味する八点をつけた。

アベノミクスが始まった二〇一二年十二月から二〇一五年末までの三年間を第一ステージとすると、私は「この第一ステージは間違いなく成功だった」と評価している。特にアベノミクスの第一の矢となる日銀による大胆な金融緩和策は、日本経済を強く後押しした。

安倍政権前の民主党政権時代、九千円台を推移していた日経平均株価はおよそ二倍の一万九千円台まで上昇。同時期のアメリカの株価上昇率は約一・三倍。経済好調だったドイツでさえ約一・五倍の上昇にとどまった。

労働市場を見ても、失業率は一時期、三・〇％まで下がった。失業率は景気がいくらよくなっても、それ以上に下がらないポイントがどの国にもある。「レイバー・エコノミスト」と称される労働市場の専門家は、日本の場合それを三・四％程度と見ていた。

仕事内容や待遇などについて不満な人もいるだろうが、統計上は今の日本では働こうと思えば何か職がある状態になっている。こうした完全雇用の状態を実現した国は、世界でもきわめて稀だ。

一九九〇年代のバブル崩壊以降、日本経済の最大の課題だったデフレからも脱却の兆しが見られた。天候や市況の影響で価格変動が大きい食料品とエネルギーを除いた消費者物価指数で見ると、五年前は前年比ほぼマイナス一％で推移していたのに対し、二〇一五年は前年比プラス一％（年平均）まで上昇した。二〇一六年前半も前年比プラス〇・五～〇・六％で推移している。

実は厚生労働省が二〇一六年二月に発表した「平成27年賃金構造基本統計調査」（賃金センサス）によれば、二年連続で賃金は上昇。特に女性の賃金は過去最高となっている。アベノミクス第一ステージにおいて、日本経済は間違いなく改善していた。

ぬかるみにはまった第二ステージ

私はアベノミクスの第一ステージは高く評価しているが、二〇一六年からの第二ステージについては、〝ぬかるみに足をとられた〟状態だと考えている。基本的には、対外要因によるところが大きい。

一つ目は二〇一五年十二月に実施されたアメリカ中央銀行、連邦準備制度理事会（FRB）による政策金利の引き上げである。

FRBは二〇〇八年のリーマンショック以降、景気後退を防ぐため、通貨供給量をそれ以前の五倍まで増やすなど、積極的に金融緩和をしてきた。その成果でアメリカ経済が上向いてきたため、それを解除する「出口戦略」を以前より探ってきた。利上げはその一つのあらわれである。

世界経済を牽引するアメリカが利上げしたことで、世界中の資金がドル建ての資産に向かった。この結果、為替相場ではドル高が進み、ブラジルやインドなどの新興国の通貨が全般的に下がった。新興国では輸入物価の上昇で、経済がインフレ傾向になり、それまでの経済成長にブレーキがかかることになった。

世界経済や市場が混乱すると、投資資金はスイスフランや日本の円などのセーフハーバー（安全な港）に一時的に移動する。リーマンショック以降の世界経済を支えてきた新興国経済が失速したため、このセーフハーバー効果で日本円が買われたのである。急速な円高の進行は日本企業の収益を悪化させ、それが株安を生んだ。

対外要因の二つ目は中国経済のスローダウンである。

中国は低賃金の労働力を武器に高度成長を続けてきたが、一人当たりGDPが一万ドル周辺で停滞するという「中所得の罠」に陥る可能性がある。この罠を脱するためにはイノベーション（技術革新）を起こさなくてはならないが、いわゆる「法の支配」が未完成で、言論および経済的自由のない中国のような国では、それは起こりにくい。

ドル建てのGDPで日本の約二・四倍の規模を持つ中国は、アメリカに次ぐ、世界第二位の輸入大国である。加えて中国の輸入の約五割はアジア諸国からである。中国経済が減速すれば、アジア各国の経済はじわじわと悪化する。中国への輸出額を見ると、日本は韓国に次ぐ二位である。中国経済のスピードダウンも、日本企業の業績を下振れさせた。

もう一つ対外要因を付け加えるとすると、中東の政情不安がある。

二〇一六年初頭から中東の大国であるイランとサウジアラビアが国交を断絶している。このため、石油輸出国機構（OPEC）加盟国の間で減産の合意ができず、原油の価格が安値で推移している。この影響で、新興国の主力輸出品である一次産品（農産物や鉱産物など）の価格が全般的に下落してきた。FRBの利上げと同様、これもまた新興国経済を不安定化させている。

低下する日本への期待

海外の悪材料がいくつか重なり、アベノミクスの第二ステージにおいて、日本経済は弱含みの状態が続いている。しかし、これを「アンラッキーだ」と片付けるのは明らかに間違っている。日本経済が現在のようにぬかるみにはまった責任は、日本自身にもある。

株式市場でいえば、株価（すなわち企業価値）を決める要因の一つは、将来の利益がどのようになるかという投資家からの「期待」や「見通し」である。たとえば、最近でも「ある製薬会社がインフルエンザを一日で治療できる新薬を実用化した」というニュースが流れた途端、その銘柄が買われはじめ、株価が急上昇したことがあった。

その理屈は国でも同じだ。アベノミクスが第二ステージに入ってから、日本の株価（日経平均株価やTOPIX）が一進一退の動きをしているのは、日本経済に対する投資家のエクスペクテーション（期待）が、第一ステージの頃に比べて下がっていることにほかならない。

では、なぜ日本経済に対しての期待が下がっているのか。

主たる要因の一つは、規制改革が遅々として進まないからだ。日本では至るところに岩盤のように固い規制がはびこっているため、イノベーションがなかなか起こらない。この点について、今や日本市場の主要プレーヤーになり、株価を左右する存在になった外国人投資家らが、非常に厳しい目で見ている。

海外の要人や投資家と話をすると、日本の成長戦略に対する注目度は非常に高いが、その中身は決してポジティブなものだけではない。「やっぱり何も行われないいんじゃないか」というネガティブな声も聞かれる。

読者の皆さんは、以下の事実を知っているだろうか。

規制改革に対する抵抗勢力のほんの一例である。

第五章で国家戦略特区については詳しく解説するが、二〇一六年八月、その国家戦略特区に指定された千葉県成田市で、医学部の新設が認められた（開設は二〇一七年四月予定）。国際医療福祉大学医学部である。成田空港に近い立地を生かし、外国人医師などを受け入れ、世界最高水準の国際医療拠点を目指そうという構想だ。二〇一六年六月十九日付の全国紙朝刊に一斉に全面広告が出たため、ご覧になった人もいるかもしれない。

実は、東日本大震災の復興目的で特例として認められた東北医科薬科大学を除くと、これは実に三十八年ぶりの大学医学部の新設である。一九七九年の琉球大学医学部以来、日本で新しい医学部は一つもつくられてこなかった。

この間、低経済成長といえども、日本の実質ＧＤＰはおおよそ二倍に増加。人口は八〜九％前後しか増えていないものの、社会の高齢化が加速度的に進み、東北地方など地域によっては医師不足のところも出てきた。二〇一〇年に発表された経済協力開発機構（ＯＥＣＤ）の調査によると、人口千人当たりの医師数はＯＥＣＤ加盟国の平均が約三人なのに対し、日本は約二人。それでも日本の大学では医学部の数を増やしてこなかった。

実はいくつもの大学が医学部を新設したいと文部科学省に打診をしていた。しかし、全部「ノー」という答えが返ってきたのだ。「医学部が増え、医師数が増えると、将来、日本の人口が減ったとき、医師が過剰になる」という理由で、医師会と族議員がタッグを組み、こうした申請を次々とつぶしてきたのである。

誰もが構造改革をやらなければいけないことはわかっているが、それを阻む抵抗勢力が国内には厳然として存在している。彼らが固くて厚い岩盤規制を守っている。医学部新設のケースでは、特区を活用することで、小さいながらも岩盤規制に穴を開けることができたが、こうしたチャレンジが今の日本にはまだまだ欠けている。

これを放っておくと、日本はぬかるみにはまり続けることになるだろう。

マイナス金利は奇策にあらず

日本をはじめ、多くの経済先進国は豊かになって貯蓄が増える一方、社会の成熟化が進み、経済成長率が全般的に下がっている。この結果、企業などが投資した場合に期待できる収益率がぐんと下がっている。これが投資機会を奪い、景気を後退させている。

アメリカの元財務長官で、現在はハーバード大学教授を務めるローレンス・サマーズ氏が、経済先進諸国が長期的な景気停滞局面に入るリスクがある、という「長期停滞（セキュラー・スタグネーション）論」をダボス会議などの場で披露して話題になった。

ただし、サマーズ氏は「これは決して運命論ではない」ともいっている。投資機会を増やす方策は、少なくとも二つあるからだ。

一つは企業などの資金調達コストを下げるため、金利を大幅に下げることである。今や貯蓄と投資をバランスさせる利子率がマイナスになっているという有力な試算も示されている。

二〇一六年二月から日本銀行が始めたマイナス金利は、その目的で導入されたものである。日銀に預けている当座預金が一定額を超えると、民間銀行はその分の預金額に対し日銀に利子を支払わなくてはならない。これによって銀行の貸し出しを促進させようという狙いがある。

日本では日銀のマイナス金利政策について、非常にセンセーショナルな形で報道されたが、決して奇策でも何でもない。ヨーロッパでは欧州中央銀行（ＥＣＢ）のほか、北欧や東欧の一部の国の中央銀行でも導入されている。

もう一つは当たり前になるが、投資機会そのものを増やすことである。

そのために何が必要なのかといえば、やはり構造改革である。投資家が高いリターンを見込める案件を規制改革によってつくり出すしかない。だから、欧米では機会あるごとに「構造改革の必要性」が叫ばれ、積極的に取り組むのである。構造改革の動きを早めないと、日本は国内外の投資家から見放される事態になりかねない。

日銀のマイナス金利導入は、「打つべき手は打ちました。今度は政府が動く番ですよ」という政府へのメッセージと捉えることもできる。マイナス金利について感想を求められた政府関係者の一部から、「今後の日銀の動向を見守りたい」という声が聞こえてきたが、私は当事者意識に欠けている印象を受けた。

景気回復のため、日銀が投げたボールは、今、政府の手の中にある。今後は政府がどのようなボールを投げるかが焦点になる。

政権は「ワンストライクアウト」

ここまで安倍政権への期待と注文を述べてきたが、私も政権内にいた経験があるので、構造改革はいうほど簡単に実行できないと同情もしている。まえがきで「ハイパー・ポピュリズム」について触れたが、日本でも同様の傾向が見られる。

まだ記憶に新しいが、保育所に入れずに「保育園落ちた日本死ね！」と不満をぶつけた匿名ブログが、オーバーにいうならば、日本中を揺るがした。

保育所の不足解消はもちろん重要な政策課題の一つである。しかし、今の私は民間人の立場だからあえていわせてもらうが、一人の親がたまたま自分の子どもを保育所に入れられなかったことに対し、あたかもときの内閣を揺るがすような問題であるかのようにメディアが取り上げ、国会でも最大の政治課題になる。与党も選挙を意識して、その問題解決に奔走することになる。この風潮はやはりどこかおかしい。

なぜ、このような状況になるかといえば、最近の政権運営は「ワンストライクアウト」だからである。何かの問題で一回つまずいて、一回選挙に負けたら、政権はもう終わりになる。とにかく政局に勝ち続けないと政権を維持できない。

何か問題が起きたとき、「どんな解決法があるだろうか」と建設的に議論する姿勢が見られたためしは残念ながらない。その問題をメディアが煽《あお》り、それをおもしろがった野次馬がＳＮＳ（ソーシャル・ネットワーキング・サービス）で、さらにまたワーワーと煽る。政権はワンストライクアウトを気にして、その事案にかかりきりになる。

日経平均株価が九千円台だったころは、経済的に余裕がなかったせいか、こうした世間を煽り立てるような声はあまり聞かれなかった。ところが、景気が横ばいとはいえ、株価が今のように一万六千円台の水準にあると、不思議とこうした声が上がってくる。

現代の政権運営というのはメディアとの戦い、ポピュリズムとの戦いなのである。改革をする場合、抵抗勢力との戦いばかりに気をとられると、このポピュリズムに足をすくわれかねない。メディアが煽るポピュリズムがこれだけ高まっていると、政権運営は本当に大変になる。

こうした政治状況の下、安倍晋三総理は政権の舵取りを巧みにこなしている。かつての第一次安倍政権（二〇〇六年九月から二〇〇七年九月）と第二次以降の安倍政権（二〇一二年十二月〜）の最大の違いはそこにある。

たとえば、二〇一五年は一年中、平和安全法制（安保法制）の成立を巡り、国会で与野党が論戦を繰り広げた。世界の常識からすると、ごく当たり前の安全保障の法案審議をかなり控えめに進めているにもかかわらず、国内世論の一部からは「戦争法案だ。徴兵制につながる」と非難される。

どのような思想や立場であろうと、今の日本人は大抵、戦争に反対すると思うのだが、「戦争反対」と訴えるデモ行進がいまだに続いている。日本のデモ活動に対し、世界では冷ややかに見ている人が大半だろう。

ちなみに、徴兵制を採用している国は、現在ごく一部に過ぎない。かつての肉弾戦のような戦争などほとんどないからである。今の戦争はハイテク技術を駆使するため、プロフェッショナルでないと戦えない。だから一般の若者を集める徴兵制など、戦時下の国以外ほとんど採用されていないのだ。

安全保障については右から左まで、いろいろな意見がある。日本はもっと軍備を増強すべきだという人もいれば、集団的自衛権は絶対に認めてはいけないという人もいる。こうしたなか、政権発足以来、高い支持率を得ている安倍総理の政権運営は、ある意味きわめて巧みで、老練といっていいだろう。

アベノリンピックは大チャンス

構造改革にもたつく日本に大チャンスが訪れた。

それが二〇二〇年、東京で開かれるオリンピック・パラリンピックだ。誘致が決まった直後から、私は〝アベノリンピック〟という表現を用いてきた。今後はアベノミクスという経済政策に、東京五輪という追い風が吹く。

オリンピックには経済面で三つの効果が期待できる。

①ハードの経済効果

開催国や都市が行う競技場の新設、改修だけにとどまらず、たとえば「外環道事業費の一割が前倒しされる」「地下鉄の一部延伸（豊洲～住吉）が行われる」など、オリンピックの開催に合わせて、公共事業が前倒しされたり、交通機関が新設・延伸されたりする。

②ソフト・パワー効果

オリンピック・パラリンピックは、世界最高の「コンテンツ」である。世界の人口の約七割が、テレビなどでオリンピックを目にするという。開催国としてさまざまな企画を推し進めるなかで、開催前後の数年にわたって、日本と東京の世界に対する露出度を一気に高めることができる。

③セーブ・フェイス（面子《メンツ》を保つ）効果

私がとりわけ注目するのが、三つ目のセーブ・フェイス効果だ。カリフォルニア大学のアンドリュー・ローズ教授らの研究によると、一九五〇年から二〇〇六年までの間にオリンピックを開催した国は、開催前後に貿易額が三割も増加しているという。開催国という〝面子を保つ〟ために、多くのケースで貿易や為替に関する国内の古い規制が取っ払われたからである。

要するに開催国として対外的な面子を保つ必要に迫られ、結果的に国内改革が進み経済が活性化されたのである。この効果は、既得権益を持った人たちが奇妙な理屈をふりかざして、世界では当たり前の経済改革に反対してきた日本で、とりわけ期待したい効果といえる。

東京都の試算ではオリンピック・パラリンピックの経済波及効果を七年間で約三兆円と見ているが、それはオリンピック関連の施設整備費や運営費などに限定している。しかし、この試算はきわめて控えめな数字だ。前記の三つの効果を総合すると、私が所長を務める森記念財団・都市戦略研究所が試算する通り、その約七倍の約二十兆円程度の経済効果があっておかしくない。

もちろん、オリンピックに期待するのは、スポーツを通した感動であり、経済効果はあくまで副次的なものだ。しかし、今の日本にとって、オリンピックがもたらす効果を有効に活用することの意義はとても大きい。逆に、このチャンスを逃せば、本物の経済再生を実現する貴重な機会を失うことになる。

東京五輪の先にある本当の危機

重要なことは、オリンピックの経済効果は、決して待ちの姿勢で得られるものではないということだ。規制改革から人材確保や資金調達まで課題は山積している。

これを実現するという強い意志が、政府や東京都から民間企業に至るまで求められる。バブル崩壊後、長らく経済停滞を続けてきた日本にとっては、二〇二〇年のオリンピック開催に向けて、いわば背水の陣で臨む覚悟が必要になってくる。

実は私が本当に心配するのは、東京オリンピック・パラリンピックの先にある日本だ。

現在、日本は他の先進経済諸国がいまだ経験したことがない人口減・高齢化社会に向かっている。総人口は二〇〇八年をピークに減少傾向にあるが、加えて二〇二五年頃になると、人口に占める高齢者（六十五歳以上）の割合が三十％を超え、しかも団塊世代がすべて後期高齢者（七十五歳以上）になる。

この頃、国民の三人に一人は六十五歳以上、五人に一人は七十五歳以上になる計算だ。生産年齢人口（十五〜六十四歳）が減少するなか、急速に膨らむことが予想される介護や医療、年金などといった社会保障費をどのように手当てするか、真剣に考えなくてはならない。

この頃までに経済再生を果たし、社会保障制度を再設計しないと、やがて本当の危機が日本に来る。それこそ消費税が二十％、三十％になるような重税国家になっても、決して不思議ではない。

私がアベノミクスの第二ステージを評するとき、あえて「ぬかるみ」という表現を使ったのは、ここに理由がある。ぬかるみなら足をとられるだけで、死ぬことはない。しかし、その次の深みにはまると、これは死を意味する。

政策のスイッチングが必須

政治家には「この政策を実現するために、政治の道に入った」という原点のようなものがある。逆にそれがなければ真の政治家とはいえない。誤解される表現かもしれないが、政治家になるのは手段であるし、総理大臣になるというのも手段である。

これはあくまで私の推測であって、本当のところは安倍総理に伺ってみないとわからないが、総理の政治家としての原点は日米安保協力を柱とする安全保障体制強化や憲法改正などに代表される、戦後の政治的枠組みの再構築ではないかと考えている。

ただし、安倍総理はリアリストなので、その実現のために経済再生が欠かせないということは、非常によくわかっている。だからこそ常々「エコノミーファースト（経済第一）」と語ってきたのだと思う。

政府は六月に閣議で「経済財政運営と改革の基本方針（骨太方針）」と「ニッポン一億総活躍プラン」などを決定した。これにより、二〇二〇年頃に名目GDP六百兆円を目指すとともに、国・地方のプライマリーバランス（基礎的財政収支）を二〇二〇年度に黒字化する目標を堅持することになった。

私は以前から安保法制の議論をできるだけ速やかに終えたうえで、経済政策に重点を置くような形でスイッチングを行ってもらいたい、リセットを行ってもらいたいということを政治リーダーの方々に申し上げてきた。

アベノミクスが掲げる目標達成のためにも、二〇一五年以降、安全保障に偏っていた政権運営のムードをリセットできるような政策的な工夫をぜひとも期待したい。

私の古くからの知人で、かつてアメリカ通商代表部日本・中国担当代表補代理を務めたグレン・S・フクシマ氏（米国ワシントンDCのシンクタンク、米国先端政策研究所上席研究員）は、「フォーブス　ジャパン」のインターネットサイトの中で、GDPを増大させるキーになるアベノミクス第三の矢の成功に向けて、次のようにアドバイスしている。

「現在の構造から利益を得ている根強い既得権益に切り込む必要のある第三の矢の実行には、強力な政治的なリーダーシップと政治的資本を費やす覚悟が必要になる。（中略）日本の有権者は安倍首相に投票してきているが、これは何より首相に経済を改善してほしいからである。しかし、安倍首相は、政治的資本を日本経済の再活性化よりも国家安全保障の強化に使っているように、海外からは見られている」（「アベノミクスの行方［グレン・S・フクシマの知彼知己］」二〇一六年一月十四日」）

二〇一六年夏の参議院選挙で自民党は改選五十議席から上積みし、五十六議席を獲得。非改選を含めて単独過半数にわずか一議席足りない、百二十一議席を得た（その後、さらに一議席を獲得、過半数に到達した）。ここまで安倍政権が実行してきたアベノミクスの実績に対し、国民はお墨付きを与えたといっていい。総理が強いリーダーシップを発揮する環境は整った。

フクシマ氏はまた「日本が世界において、より大きな影響力、尊敬、賞賛を得るためには、平和かつ平和を愛する国である立場を維持するだけではなく、イノベーション、技術、ダイナミズムなどによって経済を再活性化することが最も効果的だと信じている」（同）とも語っている。

この点について私も同感だ。世界の中で日本のプレゼンスを上げるためには、経済再生が何より欠かせない。アジアの周辺諸国が次々と高度経済成長を遂げるなか、長らく低成長が続く日本のプレゼンスが相対的に低下しているのは事実だ。この点からしても、アベノミクス第二ステージを何が何でも軌道に乗せなくてはならない。

第二章　国民を欺く消費増税派の財政再建策

景気回復で潤ったのは政府

二〇一六年六月一日、安倍晋三総理は通常国会閉幕後、官邸で記者会見し、二〇一七年四月に予定していた消費税八％から十％への引き上げ時期を二〇一九年十月まで、二年半再延期することを表明した。

安倍総理は記者会見で、増税の再延期を決めた理由として、「世界経済の〝成長のエンジン〟だった中国などの新興国経済に陰りが見える。世界的な需要の低迷、成長の減速が懸念されるなか、内需を腰折れさせかねない引き上げは延期すべきである」と説明した。

二〇一四年十一月、安倍総理は二〇一五年十月に予定されていた十％への引き上げ延期を表明、その点を国民に信を問うとして衆議院解散に踏み切った。その際、「景気を再び回復させ、増税を再び延期することはない」と明言していただけに、「公約違反ではないか」という批判が一部のメディアから上がった。

しかし、私はこの安倍総理の判断を強く支持する。私は常々、消費増税をしなければアベノミクスは成功するといってきた。

それは二〇一四年四月に実施された消費税五％から八％への引き上げが、順調に再生しようとしていた日本経済を腰折れさせたからだ。第一章でアベノミクスをぬかるみにはめた対外的な要因を解説したが、加えてこの増税のマイナス効果も忘れてはならない。

家計の消費支出を示す統計の一つに総務省が発表する「消費水準指数」（家計調査）がある。消費税が引き上げられた翌月となる二〇一四年五月の指数は、前年同月比でマイナス七・八％。過去三十三年間におけるワースト二位、東日本大震災が起きた二〇一一年三月（マイナス八・一％）に次ぐ落ち込み具合だった。

消費税引き上げが消費を落ち込ませた理由は二つある。

一つは財政再建を急ぐあまり、無理なペースで国民から税を徴収したことだ。アベノミクス効果などで、過去三年間に日本の所得は三十兆円くらい増えた。景気回復期には自然に税収増になるが、そこに消費増税を重ねたため、この三十兆円のうち、およそ三分の二に当たる二十二兆円余りが政府に吸い上げられる結果になった。つまり、国民のフトコロにお金はあまり残らなかったことになる。

私が経済財政政策担当大臣を務めていたとき、財政収支の改善は必要だが、それを急ぎすぎては経済を悪化させると考えた。その改善幅は毎年ＧＤＰに対し〇・五％の比率までにとどめようとしていた。ところが、この三年間は毎年ＧＤＰ比の一・五％程度、政府が民間からおカネを吸い上げている。これでは消費が冷え込むのは当たり前だ。

もう一つは日本の税体系に問題がある。それは高額商品に対する軽減税率がない点である。

たとえば、日本で住宅を購入した場合、八%の消費税がかかる。一方、イタリアは付加価値税が二十二%なのに対し、軽減税率の対象となる住宅は四%と大幅に下がる。スウェーデンに至っては付加価値税二十五%なのに対し、住宅は〇%である。

ファミリーが住むちょっと高級なマンションを東京の都市圏で今、買おうとすると、価格は一億円近い。五千万円が住宅部分だとすると、それに消費税の八%がかかると、税額は四百万円になる。消費税で高級車一台が買える計算である。結果的に消費増税が近づけば、当然、駆け込み需要が増え、導入以降の消費は急速に落ち込むことになる。

二〇一四年に実施された消費税の引き上げは、これらの理由によって日本経済に間違いなく深刻な打撃を与えた。安倍総理はその点を十分に理解されていたように思う。いうまでもないが、一連の消費増税は民主党政権の下で決められたことであり、アベノミクスとは無関係なものだ。

持続可能な財政にするのが重要

誤解してほしくないのは、私も日本の財政赤字は深刻な状態だと考えていることだ。

現在、日本の国家予算を見た場合、税収で賄われているのは歳入全体の約六割で、残りの約四割は国債発行を中心とした借金に依存している。この国債残高は一九七〇年代半ばから増えはじめ、バブルが崩壊した一九九〇年代に膨張した。

新聞や経済誌、あるいは経済関連のインターネットサイトでは、一千兆円を超えた巨額の債務残高がよく話題になる。最近では、この債務残高をグロス（債務総額）で見るか、ネット（債務総額から政府資産を差し引いた額）で見るかでも、さかんに議論しているようだ。

こうした議論を私は否定しないが、話が得てして神学論争的になる。私が一番問題視するのはGDPに対する債務残高が増え続けてきた点にある。

私は大学の授業などで、学生に「財政赤字のどこが問題なんだろうか」とよく聞く。すると多くの学生が「借金してまで、お金を使うのがよくない」と答える。

だから、私はこう返している。

「住宅ローンでお金を借りたから、お父さんがマイホームを買えたんじゃないのか」

「もしメーカーが借金して最先端の工場を建てたら、それは悪いことなのか」

このように突き詰めて考えさせると、学生も次第に気づきはじめる。借金をすること自体、いいとも悪いともいえないのである。

日本の債務残高も同じである。借金が多いか少ないかという以上に、債務残高がGDPに対して増え続けているという今の日本の状況が、サステナブル（持続可能）でないことが問題なのである。さしあたって「すぐにも心配」と脅すのは誤っているが、サステナブルでないということは、どこかの段階で日本の国債に対する信認が揺らぎ、市場に混乱を起こさないとも限らない。

また、財政赤字が拡大すればするほど、金利払いが増え、財政支出に占める金利負担のウエイトが増える。その結果、本当に必要なところにお金が回らなくなるかもしれない。たとえば災害復興のため、財政支出を出動するのは政府の当然の役割だ。金利負担でそれができず、資金を提供できないとなれば、国民が迷惑を被ることになる。

財政健全化は必要だ。私は「日本経済全治何年」というより、「余命何年」というくらいの危機意識は持たないといけないと考えている。

財政を持続可能な状態にするために、私が財政政策担当大臣時代に導入したのが、プライマリーバランスという考え方である。

プライマリーバランスとは、借入金（国債）の利払いを除くその年の正味の歳入（税収）で、利払い以外の真の政策経費をその年の税収でまかなうことを意味する。つまり、利払いを除いた「税収マイナス政策経費」をプラスにしようというわけである。

プライマリーバランスがプラス（黒字）であれば、（名目成長率と名目金利がおおむね等しい下で）GDPに対する国債残高の比率は下がり、借金が減っていくことになる。

二〇〇一年にプライマリーバランスの考え方を導入したとき、私は「プライマリーバランスを十年で黒字化する」という目標を立てた。当時のプライマリーバランスの赤字額はGDP比の五～六%程度。十年で解消すると、GDPへの負荷は単純計算で毎年〇・五%になる。当時、日本の潜在成長率は一％程度と考えられていたため、この程度の負荷であればマイナス成長にはならない。何とか耐えられると考えたのだ。

この考え方のもとで、二〇〇三年には二十八兆円あった基礎的財政赤字額を二十兆円以上も削減、二〇〇七年には赤字額を六兆円まで縮小することができた。もし、このトレンドが続いていたら、当初の目標通り、二〇一〇年代初頭にプライマリーバランスは黒字化できただろう。

解決法を提示できない学者たち

小泉純一郎政権時代の二〇〇一年から二〇〇六年の間、消費税は引き上げていない。では、なぜプライマリーバランスを改善することができたのか。

私は特別なマジックを使ったわけではない。財政再建に打ち出の小槌のようなものはない。単純に二つのことをしただけである。第一に歳出にキャップをはめた。財政支出を減らすことはものすごく難しい。「小泉政権は予算をぶった切った」などとしたり顔で語る経済評論家もいるが、それは事実に反する。ただ単にキャップをはめて、予算を増やさないようにしただけである。

支出を増やさないように我慢をして、その間に郵政民営化や不良債権処理などを進め、経済活性化を図った。これによって経済成長率が高まれば税収は増えていく。この自然増収と歳出キャップだけで、プライマリーバランスは改善したのである。

ハーバード大学教授のアルベルト・アレシナ氏が行った有名な研究がある。アレシナ氏は戦後に財政再建に取り組んだOECD加盟二十ヵ国を対象に調査を実施し、財政再建に失敗する例として、「何もやらないで増税だけをする」ケースを挙げている。結局のところ、歳出を抑えに抑えて、事務的経費はもちろん、人件費や社会保障費までも抑えた国が財政再建に成功しているのだ。

アレシナ教授は「財政再建に成功した先進国は、歳出削減で減らした金額と増税で増やした金額の比率が、だいたい『七対三』か『三対二』になっている。この黄金比を無視して、たとえば歳出削減額一に対して増税額を二にした国は、財政再建には失敗してしまう」と語っている。

こうした財政再建問題について、私はアレシナ氏本人と直接議論したことがある。そして、日本の財政再建に非常に参考になる考え方だと思い、テレビ番組や著書などで何度か紹介してきた。これに対し、財務省の研究機関は、「財政再建における増収措置と歳出削減の割合に関するアレシナらの議論は我が国に適用されるのか？」と題する論文で反論してきた。

「アレシナらの主張を、その根拠とされる要因が我が国に該当するかを十分検証することなく持ち出し、消費税増税等の増収措置の早期実施に反対することは非常に問題が多い」という趣旨の内容である。要は日本では財政再建に効果がほとんどない公務員人件費の削減ではなく、「消費増税などの増収措置の議論をすべき」ということのようだ。

正直いえば、この論文を読んで私は大変残念に思う。

アレシナ氏は各国が財政再建をどう進めればいいのかという手がかりを得ようとして論文を書いたわけである。国によって当てはまる部分もあれば、当てはまらない部分も出てくるのは当然だ。もし、アレシナ氏が提示した手がかりが間違っているというのであれば、「消費税を引き上げると（今の日本のように）景気が低迷する」という前提を踏まえながら、具体的な財政再建策を示すべきである。

余談になるが、私が学生時代、エコノミストになりたいと思ったのは、池田勇人総理が打ち出した国民所得倍増計画の〝生みの親〟ともいえる下村治さんの存在を知ったからだ。

下村さんは多くのエコノミストや経済評論家が「戦後復興や朝鮮特需などの需要が一段落すれば日本の経済成長率は急低下する」と批判するなか、「日本経済は復興期ではなく勃興期なのだ。高度経済成長はできる」と断固主張し、そのためのプランを描いた。

下村 治

私が最初の就職先として日本開発銀行（現日本政策投資銀行）を選んだのも、憧れの存在が同行にいたことが大きい。下村さんは当時、開銀の設備投資研究所の初代所長を務められていた。

下村さんは非常に寡黙でぼそぼそと話す人だ。その下村さんが私と同世代の学者が世に出はじめた頃、それこそ〝ボソッ〟と批判するのをこの耳で聞いたことがある。

「この人がいっているのは際学だね」

要するに「そうなればこうなる」「ああなればこうなる」などと、井戸の周りをグルグルと回っているだけで、肝心の「こうすれば解決できる」ということに飛び込まない学者だという意味である。あれから何十年もときは過ぎたが、今でも強烈な思い出として心に残っている。

この論文を読んだとき、頭に浮かんだのは下村さんの厳しい一言である。

バイアスがかかる財務省シナリオ

安倍総理は二〇一五年度に十六兆六千億円の赤字見通しだったプライマリーバランスを二〇二〇年度までに黒字化する目標を掲げてきた。消費増税再延期を表明した記者会見で、総理は財政健全化の目標は変えないと決意を述べた。

そのためには財務省を中心とした霞が関が示す「安易な消費増税」のシナリオに乗るのではなく、政治が自らの力で財政再建の道筋を再構築しなければならない。

私は以前から財政再建のための消費税引き上げには反対だった。前記の通り、実際に二〇一四年四月に消費税引き上げをしたところ、経済の悪化を招いた。結果的に、財政再建にはマイナスの効果を持ってしまった。

ただし、そのプロセスで面白いことが起きていた。もともと、二〇一四年（消費税五％↓八％）と二〇一五年（消費税八％↓十％）と二度にわたる消費税引き上げは、二〇一五年度の中間目標（プライマリーバランス赤字額の対GDP比を六・六％から三・三％に半減する）を達成するために行われるものだった。

ところが、消費税引き上げの第二弾見送りが決定されたあとでも、その中間目標は予定通りに達成されたのである。あれだけ目標達成のためには「消費税引き上げが必要」といわれていたのに、実際にはその必要がなかったことになる。

これまで増税派が示してきたシナリオが、いかにいい加減なものだったか明らかになったわけだ。

内閣府は二〇二〇年に向けての財政試算を公表している。二〇一五年七月に出された試算は、日本経済の実質成長率が二％、名目成長率が三％という前提の下で、二〇二〇年度に財政再建を実現するには六・二兆円（内閣府の財政試算はその後、二〇一六年七月に見直しが行われた）の歳入不足があるとしている。

しかし、霞が関が示すこのシナリオは、二つのバイアス（偏った先入観）がかかっている。

一つは、租税弾性値（税収の伸び率を経済成長率で割ったもの）をおおよそ「一」としている点である。つまり、GDPが一％増えれば、税収は一％増えるという計算になっている。

これは長期的には必ずしも間違っていないが、短期的な景気回復期においては「三〜四」というのが実証的な数値だ。実際、景気回復が続いたほぼ小泉政権時代にあたる二〇〇三〜二〇〇七年には「三〜四」という租税弾性値で財政が大幅に改善している。

もう一つは、日本銀行が消費者物価上昇率二％の達成をコミットメント（宣言）しているにもかかわらず、この試算ではGDPデフレーター（名目GDPから実質GDPを算出するための物価指数）上昇率の前提を一％強と、きわめて低く見積もっている。

たしかに、デフレ期にはそうした違いが出る。しかし、デフレが本当に克服されてきたら賃金が上昇するため、賃金を含むGDPデフレーターの伸び率は、消費者物価の伸び率とほぼ等しくなる。つまり、このシナリオは不景気下における低い成長率を前提に議論していることになる。

これはずいぶんとおかしな話だ。

GDPデフレーターの伸び率が消費者物価の伸び率に近づいていけば、名目GDP成長率はさらに高まる。GDPデフレーターの伸び率を適切に予測しないと、経済成長率の予測ひいては税収の予測をも歪めることになる。

だからこそ、こうした税収の伸びを見込まないという霞が関のバイアスに囚われず、政治のリーダーシップで説得力のある財政健全化の道筋を示すことが重要なのである。

財務省の抵抗を排し歳入庁設立を

私も将来的に消費増税の可能性を否定はしない。しかし、順序としては第一に歳出を抑制する。第二に経済成長を軌道に乗せ、企業や個人からの税増収を図る。そのうえで、さらに増税が必要ならば実行すればいいと考えている。こういう方針を政府が明確に打ち出して説明すれば、国民も納得するはずだ。

今のまま、まず消費増税で財政再建を図ろうとすると、いくつかの試算によると、税率はそれこそ三十%まで上げても足りないことになる。

私は消費税を引き上げる前に、手をつけるべきことはたくさんあると考えている。

一つ目は、歳入庁を創設して税金と社会保険料をきちんと徴収することだ。国民は税と社会保険料を国に納めているが、行政側は国税庁（財務省管轄）と日本年金機構（厚生労働省所管）というタテ割りで別々の機関で徴収している。これは役所本位で、きわめて非効率なやり方だ。たとえば、アメリカは内国歳入庁（IRS）、イギリスは歳入関税庁を設置している。

税と社会保険料を合わせると、年間で数兆円の徴収漏れがあるといわれている。特に社会保険料の未納や徴収漏れの問題は深刻で、日本年金機構の徴収能力が疑問視されている。年金機構の前身である社会保険庁は年金の記録すらきちんとできず、「消えた年金問題」を起こした。国税庁と日本年金機構を歳入庁に統合すれば、数兆円の歳入増が期待できる。

国家権力とは、突き詰めれば税の徴収と警察である。歳入庁が設立された場合、内閣府のもとに置かれることが予想される。その場合、税徴収という権力を手放すことになる財務省が相当に抵抗することも予想される。国税庁は、検察、警察と並ぶ強力な捜査機関でもある。財務省は、政治家らへの影響力を保つためにも国税庁を手放したくないだろう。橋本龍太郎内閣が行った行政改革でも、当時の大蔵省から国税庁を切り離すことはできなかった。

しかし、徴収漏れを防ぐためには、それを実現するしかない。

遅ればせながら、日本でもマイナンバー制度が導入され、国民の所得のすべてを把握しようと思えばできる体制ができた。今が設立のチャンスだと思う。

二つ目は、国が保有する資産の売却だ。これについては第五章で解説したい。「資産の売却は一時的なものだから、恒常的な財政健全化には向いていない」という批判があるが、一時的とはいえ、うまくいけば数十兆円規模の収入が見込める。これだけの金額があれば、数年間にわたって使うことができる。それを経済活性化に用いれば税収増にもつながっていく。

さらに重要なのは、これだけの資産が民間に売りに出されれば資産市場が活性化されることだ。東京を国際金融市場にするためにも、国など公的部門の資産売却は不可欠だ。

三つ目は、第八章で解説するが、社会保障制度の抜本改革だ。エンタイトルメント（社会保障関連費）支出の増大は世界各国の共通課題であるが、特に高齢化社会の進む日本は早期の解決が必要だ。歳出削減策として、年金支給開始年齢を、平均寿命の伸長にあわせて引き上げることが必要だ。また、所得の高い高齢者への年金給付なども見直す必要がある。

これら三つのブレイクスルーをすべて行えば、当面消費増税の必要はなくなるはずだ。仮に、三つすべては無理でも、どれか一つを政府が実施すれば、財政健全化の道筋はかなり明確に見えてくる。

官僚は生きた経済がわからない？

実は私は大蔵省（当時）で働いたことがある。開銀から大蔵省（現財務省）が設置した財政金融研究室（現財務総合政策研究所）に主任研究官として出向を命じられたのだ。ちなみに、研究室で私の目の前にいた係長が不良債権処理や郵政民営化の際、私が頼りにした髙橋洋一氏（現政策工房会長・嘉悦大学教授）である。私たちは奇妙な縁でつながっていたことになる。

役所に入ってみたら、私は面白いと感じた。留学していたハーバード大学と雰囲気が似ているのである。それは強い組織は、よい意味でエクスクルーシブ（排他的）だということだ。これは外部から見ると鼻もちならないが、内側に入った人間にはとても親切で、大切にするということだ。

今でも財務省は立派な役所だと思う。官僚のなかでも傑出したエリートが集まっている。私は金融担当大臣時代、財務省のエリートたちと再び一緒に仕事をすることになったが、彼らの能力はきわめて高い。特に私がちょっともらした一言でも聞き逃さない、という姿勢には素直に脱帽させられた。「先日、大臣がおっしゃったことについて、参考になるかと思い、資料をお持ちしました」などという具合に、情報を提供するのである。

今でも経済や財政の見方について、私のところに足を運び、真剣に説明してくる。ただし、財務省のマクロ経済の見方に対しては、納得できないと思うことがこれまで何度かあった。私は経済の予測は連立方程式だと思う。方程式は一つではない。財務省の多くの官僚は、この点を軽視していると感じるのだ。

それをわかりやすく説明するために、クイズを一つ出してみたい。

あなたは、政府が内需拡大のために公共事業を増やしたら、輸出関連株を買うだろうか？　それとも、売るだろうか？

内需を支える一つの要因は公共事業である。それが増えるとＧＤＰが拡大する一方、原油などの輸入が増える。輸入が増えると、国内所得が流出し、貿易収支は悪化する。このため円が下がり、円安傾向に転じる。輸出企業には追い風となり、儲けが増える。このシナリオに乗れば、輸出関連株は買いである。

しかし、別の解釈もできる。内需が拡大すると景気が上向き、設備投資の動きが強まる。資金需要の拡大で金利が上昇することが予想される。すると円が買われ、円高になる。このシナリオを採用するならば、輸出関連株は売りである。

つまり、経済予測に絶対的な正解はない。とはいえ、「予測不能」といい切るのも間違っている。

このケースでいうと、前者のような実物面を通じたメカニズムが強く働けば円は下がるし、後者のように金融面でのメカニズムが強く働くと円は上がる。両方の連立方程式が綱引きをし、その強弱のバランスによって答えが変わってくる。それが経済というものなのだ。

日本史の偉人のなかで経済政策の専門家として高い評価を得ている一人に、七度の大蔵大臣、一度の総理大臣を務めた高橋是清がいる。昭和金融恐慌と

高橋是清

昭和恐慌という二度の経済危機を巧みな経済政策で乗り切った是清は、「一足す一が二、二足す二が四だと思い込んでいる秀才には、生きた財政はわからない」という名言を残している。是清が大蔵大臣に就任したのは六十歳のときである。婚外子として生を受けた彼は、アメリカで奴隷生活を経験したり、ペルーで銀鉱事業を行ったりと、まさに波乱万丈の人生を送ることになる。それによって、広い世界を知り、実体経済への深い理解を持つことになった。

財政の話は、どうしても「金庫番」的な発想になり、最終的には増税論議に走りがちである。ただし、財政とはあくまで経済をよくする手段にすぎない。その背後には、経済活動、さらには人々の生活があることを忘れてはならない。

金庫番的な視点が強い財務当局を見ていると、「社会保障は将来これだけ増える。だから税金がこれだけいる」という具合に、一つの方程式で経済を捉え、政策を進めようとしている感がどうしても拭えない。

官僚依存による政策立案は問題

そもそも論になるが、政策は政治家がリードして立てなくてはならない。官僚に依存した政策立案には問題点がある。大きくは以下の二点である。

第一点は、日本の官僚組織が現実問題として終身雇用、年功序列で運営されているため、政策そのものが官僚によって、利権化されてしまう危険があることだ。

政策は本来、国民の利益を高めるために行わなければならない。ところが、終身雇用、年功序列で政策を行うために、「国民のために」というよりも、その官僚組織のために政策がつくられ、実行される可能性がある。

たとえば、Aという政策を行えば、国民全体の利益が高まる。しかし、Bという政策を行うほうが天下り先の確保といった省益につながるとする。この場合、終身雇用、年功序列に根ざす官僚組織は、Bの政策を採用してしまうというリスクがある。

お金を広く集め、関係機関にばらまくことで省庁の影響力を最大化できるため、官僚が全般的に減税を嫌い、増税を好む傾向にある（結果的に大きな政府を好む）のは、それが理由の一つだ。

第二点は、官僚はいくら優秀であっても、選挙を通した国民からの信託を受けていないことだ。

官僚は、一般的な政策や微修正程度の政策変更であれば、いろいろとできるし、さまざまなノウハウも持っている。しかし、国民に対して非常に大きな責任を負わなければならない政策、大きな決断を必要とされる政策を実行することができない。たとえば、郵政民営化のような政策は、官僚からは絶対に出てこない発想である。

また、官僚は自分たちの「過去の政策が間違っていた」といわれることを非常に嫌がる。いわゆる「無謬性《むびゅうせい》」の主張である。この点では、過去の失敗を問われないように、上司に言い訳をするサラリーマンと似ている。このため、大きな政策変更をするときは、政治家が強いリーダーシップを発揮して、方針を示さなくてはならない。

もちろん、政策はリアリスティックに進めなくてはならない。官僚を三百六十度敵に回すのは現実的ではない。必要なところはノウハウを持った優秀な官僚に大いに働いてもらい、全体として政治主導を進めていくことが重要である。

こうした点からしても、今後の財政再建の道筋は、官僚との距離をうまく測りつつ、政治主導で決めるというスタンスが正しいのである。

第三章　「大転換」を起こすのが日本人のお家芸

「日本は豊か」の合唱が隠す真実

十年近く前の話なので、読者の皆さんは覚えていないかもしれない。

二〇〇八年一月に開かれた通常国会で、当時の大田弘子経済財政担当相が「日本の一人当たりGDPはOECD加盟（三十ヵ）国中、十八位に低下した」ことを挙げ、「もはや日本は『経済は一流』と呼べる状況ではなくなってしまった」と発言した。厳しい指摘に、議場はどよめいたようだ。

世間からの反発を買ったことで、大田経済財政担当相は「人口減のなかで成長を続けるのは並大抵ではないという危機感を述べた」と釈明に追われる羽目になった。しかし、それを聞いた私は「大田さんの発言は間違っていない」と思った。「それでは経済再生をどのように進めるか、併せて答弁すべきだと思ったが、経済認識については間違っていない」というのが、私の率直な感想だった。

それから八年が過ぎた今、改めて「日本の経済は一流か」と聞かれたら、皆さんは「一流だ」と答えられるだろうか。私はとてもそれはできない。残念ながら、一流とは呼べない状態になっていると思う。

日本の一人当たり名目GDPは三万六二三〇ドル（二〇一四年調査）。ドル換算での比較のため、当時の円安・ドル高基調が響いているのは事実だが、ランキングはOECD加盟国三十四ヵ国中二十位。調査がさかのぼれる一九七〇年以来、最低の順位となった。主要七ヵ国中で見ると、第六位。後ろにはイタリアしかいない。

一人当たりGDPの推移を見てみると、およそ二十年前、日本はアメリカを上回っていた。現在は三分の二くらいまでに引き離されている。このままだと、もうすぐ半分くらいになるだろう。

ランキングを見てみると、ルクセンブルク、ノルウェー、スイスという上位三ヵ国は、一人当たりGDPが日本の倍以上ある。

日本社会は、本当にコンフォタブル（快適）だ。私自身、海外出張から日本に戻ってきたら、ほっとする。三千六百万人もの人間が首都圏にいて、それがみんな安全に暮らしている。治安がよく、空気も、水もきれい。こんな素晴らしい国はそうそうない。

たとえば、中国は日本を抜いて世界第二位の経済大国になったが、ホテルによっては、水が臭うから髪を洗うのがイヤになる。海外に出れば出るほど、日本のよさがわかると思う。

しかし、経済のパフォーマンスとなると話は違ってくる。

最近は経済格差の問題がメディアでよく取り上げられる。収入が倍違っていたら、かなりの格差だと思うが、国際間の格差に対して問題視するメディアはほとんどない。それどころかテレビの報道バラエティ番組を見ていると、「日本は豊かだ、豊かだ」と手放しで礼賛する評論家や文化人がいる。

今の日本人は「不都合な真実」を見ようとしていない。

「まだらな四半世紀」

バブル崩壊後、アベノミクスが登場するまで低迷を続けてきた日本経済を、メディアは「失われた二十年」と呼んできた。正確には、もう二十五年（四半世紀）である。

しかし、この四半世紀をひとくくりにするのは実に安易で、大切な点をわからなくすると思う。四半世紀を振り返ると、経済政策とその成果は時期によって大きく異なっていた。私は、この期間を「まだらな四半世紀」と呼ぼうと提唱している。

私はこの四半世紀を以下の五つの期間に分けて、考えることにしている（竹中平蔵編著『バブル後25年の検証』／東京書籍、序章を参照）。

①とまどいの六年（一九九一～一九九六年）

平均経済成長率プラス一・六％、株価変化率マイナス十八・八％（株価は期末変化率、以下同）

②混乱の五年（一九九七～二〇〇一年）

平均経済成長率プラス〇・四％、株価変化率マイナス四十五・五％
③回復の六年（二〇〇二〜二〇〇七年）
平均経済成長率プラス一・六％、株価変化率プラス四十五・二％
④最も失われた五年（二〇〇八〜二〇一二年）
平均経済成長率マイナス〇・一％、株価変化率マイナス三十二・一％
⑤再チャレンジの三年（二〇一三〜二〇一五年）
平均経済成長率プラス〇・六％、株価変化率プラス八十三・一％

この区分は、おおむね経済循環を考慮した後の経済のトレンドを考えるうえで、ふさわしい区分であると思う。

「回復の六年」は「構造改革なくして経済成長なし」というスローガンを掲げた小泉内閣の時代に主としてあたる。これで明らかなように、マクロ経済運営を経済財政諮問会議という適切な司令塔機能のもとで行い、かつ構造改革を進めた二〇〇二〜二〇〇七年の期間が、経済成長率が最も高く、株価も高い上昇率となっている。この間は唯一、財政赤字を減らし、株価変化率も、アメリカを上回るパフォーマンスを上げている。

「民間でできることは民間で」という当時の小泉総理のスローガンは、市場経済を重視することを意味する。もちろん市場の機能に任せていれば、すべての経済問題が解決できるわけではない。しかし規制改革に大きな効果があることは、事実を見ればわかる。

仮に規制改革が行われていなかったら、私たちは携帯端末を買い取ることができなかった。一九九〇年代半ばに消費者が買い取りできるように規制を緩和した途端、携帯端末の実質的な価格は下がり、一気に普及率が高まったのだ。

また、パスポートの書き換えもかつては期間が五年だったが、それが最長十年に延長された。これによって、海外出張や海外旅行がずいぶんと便利になったはずだ。

これに対し、「最も失われた五年」は司令塔を失ってマクロ経済政策が低迷し、経済改革が一気に後退した期間にあたる。リーマンショックや東日本大震災があったとはいえ、改革の後退とともにいかに経済パフォーマンスが悪化したのか、数字が如実に示している。

こうした流れを受けて、安倍内閣が誕生し、経済活性化への再チャレンジが行われた。これがアベノミクスだ。安倍総理自身、二度目の総理就任であり、まさに再チャレンジなのだ。

フラット化世界から日本は脱落

日本が「まだらな四半世紀」だった時代に、世界は劇的に変化した。最も大きな変化はグローバル化である。

グローバル化以前は、世界は東西冷戦期で市場経済のなかにいる人口が三十億人弱に過ぎなかった。それが一九八九年にベルリンの壁が崩壊すると、東側のソビエト型社会主義計画経済圏が市場経済のなかにすべて入ってきた。今では北朝鮮のような特殊な国を除いて、地球上のほとんどすべての国が市場経済圏内に入ったといっていいだろう。

この結果、市場経済圏内の人口が一気におおよそ七十億人にまで拡大した。マーケットが一気に二倍以上に広がったわけだ。よい商品やサービスがあれば、七十億人のマーケットに売ることができるのである。

加えて、このグローバル化とほぼ同じくして起きたのがデジタル革命である。すべての情報を数字に置き換えることで、世界は一つの共通言語を持ち、アイデアを共有できるようになった。またデジタルに圧縮することで、大量の情報を瞬時に世界中に送ることができるようになった。

グローバル化とデジタル革命が同時に起きた象徴のような出来事を、私もビジネスで体験した。それが、あるブラジルの銀行と私との電話のやり取りである。

同行の東京支店に電話をかけると、オペレーターが使う日本語のイントネーションが微妙に変わっている。そこで「これは、どちらにかかっているのですか」と聞くと、「ブラジルのサンパウロです」という。そのオペレーターに「東京支店長お願いします」と伝えると、「はいわかりました」と、東京にいる支店長につないでくれた。

「これがなぜできるか」といえば、デジタルな電話というのは、私が隣の部屋にかける電話のコストも、地球の反対側に電話をかけるコストも同じであるからだ。だからオペレーターは東京にいる必要などない。世界のなかで人件費の安いところを探して、そこにコールセンターを置けばいい。

こうしたことが、マーケットが七十億人になった段階で、世界的規模で起きている。マーケットは二倍になり、同時に競争相手も二倍になった。世界中がマーケットになる一方で、世界中に競争相手がいる状況になったのだ。

世界中がボーダレスにつながって滑らか（フラット）になった結果、凄まじいまでの競争が世界中で起こるようになった。二十一世紀になって、世界で最も読まれた本の一つに、ニューヨーク・タイムズ紙のコラムニスト、トーマス・フリードマンが書いた『フラット化する世界』（翻訳・伏見威蕃／日本経済新聞出版社）がある。この本で彼が主張する通り、グローバル化とデジタル革命は世界のフラット化を瞬く間に進めた。

たとえば、日本のオペレーターがいくら一生懸命働いても、同じ仕事（作業）をしているなら、日本のオペレーターの給料とインドのオペレーターの給料は、必ずいつしか同じになってくる。地球規模でデジタルな技術が使えるようになり、能力さえあれば地球規模で活躍できるようになった。日本人が昨日と同じことをやっていたら、生活水準は間違いなく下がる。

まだらな四半世紀、とりわけ「最も失われた五年」の間、日本は構造改革の歩みを止めた。このため、企業活動が不活発となり、人材育成も遅れて、フラット化が進む国際ビジネス社会から脱落してしまったのである。

日本に「大転換」を起こせ

私は今の日本に必要なのは「スイッチング」だと思う。

スイッチングとは、今までの方針ややり方を大胆に変えること。すなわち「大転換」である。ビジネスにおける終身雇用制度や行政における霞が関を中心とした官僚制度、あるいは東京大学を頂点にした教育制度など、かつての日本的なシステムは一九八〇年代半ばまで、それなりに機能してきたと思う。

しかし、今の状況は明らかに違う。それらがうまく働かない以上、現在の環境に合わせて、大胆に切り替えることが求められている。政府の政策も、企業の行動も、あるいは個人の行動や生活指針なども、スイッチングすることが不可欠なのである。

私がスイッチングという言葉に出会ったのは、かつて計量経済学の研究で、設備投資関数の推計をしたときのことである。

設備投資は個人消費と並び、ＧＤＰを大きく左右する要因の一つである。経済に強い影響を与える設備投資の増減が、どのような要因と相関しているか、私はそれを分析していた。

これでわかったことがある。好況のとき、企業の設備投資は売上予測に非常に影響されるのだ。要するに景気がよく売上増が見込めるときは、企業は借り入れをしてでも設備投資をして生産増を図る。売り上げを伸ばして、シェアの拡大を図ろうとするわけだ。

これに対し、景気が悪くなると、設備投資は自己資金の範囲でしか行わない。売上増ではなく、コストを最小化し、利益の確保を図るようになる。

こうしたスイッチングは、企業経営にもあてはまる。

読者の皆さんもきっと覚えているだろうが、一九八〇年代後半、日本がバブル景気でイケイケのときは、売り上げを最大化するため、会社は「多少コストはかかってもいいから、支店や工場を増やせ」と従業員に発破をかけていた。ところが、バブル崩壊を境に、会社は「とにかくコスト削減しろ」と方針を変えた。今度は「全ての部門で経費を十％削減しろ」などと従業員に指示をした会社も多かったはずである。

つまり、企業は経済環境に合わせて、その都度、その都度、経営の重点方針を変えてきた。もちろん、こうした経営方針の変更によって、実際に業績がどの程度上がるかは、個別の企業によってずいぶんと状況が違うだろう。しかし、マインドセット（思考様式）を変えることによって、副次的な効果が何かしら企業にもたらされるようになる。

企業であれば、経済環境に合わせて経営方針をスイッチングできないと、市場から退場することになる。私はこのスイッチを入れられず停滞しているのが、今の日本であり、日本人であると考えている。ぬかるみに陥った日本経済を浮上させるため、「ここでスイッチングをしてみよう」というのが、私の基本的な問題意識なのである。

危機乗り越えが日本人の強み

私がいろいろな問題を考えるとき、先輩からいわれた言葉をよく思い出す。それが「川を上れ、海を渡れ」である。私が自身に課し、多くの人に伝えたいと思っている言葉である。「川を上れ」とは、歴史をさかのぼって見識を深めよ、「海を渡れ」とは、海外に目を向けて視野を広げよ、という教えである。

歴史を知ること、海外を意識することは、今という時代を正しく認識し、未来を考えるうえで欠かせない作業だと思う。歴史は今につながっており、歴史を知ることで、今起きていることの意味や要因を理解できるからだ。

一方、海外に視野を広げることで、違った角度から物事を見ることができる。「井の中の蛙《かわず》」のように狭くて古い常識にとらわれることなく、誤った考えから抜け出すことができるのだ。

どちらかというと、若い頃は、「川を上れ」よりは、「海を渡れ」のほうに、私の目は向いていた。社会人になってからハーバード大学に留学し、今でも月に一度以上、年間で十五回くらい海外に出張をしている。海外に行くたび、学ぶことがすごく多いと実感する。

ところが、年齢をある程度重ねてくると、不思議なことに、過去のことをもっと知りたいと思うようになってくる。こうして川を上りはじめると、日本史のなかで経済政策に対する教訓というものがたくさんあることに気づく。

日本国民は世界的にも珍しいくらいの「お上志向」で、政府への依存度が高い。「社会的な問題を解決するのにどうしたらいいか」と問うと、若い学生でさえ、「政府に何とかしてもらう」と答える。構造改革に反対する人が多いため、なかなか規制緩和が前に進まない。

しかし、方針さえはっきりすれば、大転換を起こすのは、むしろ日本人のお家芸といわれている。

歴史的な出来事、特に海外からの影響によって起きた社会的危機にオイルショック（石油危機）がある。一九七三年、第四次中東戦争が起き、ＯＰＥＣが原油価格を四倍に引き上げた。一九六〇年代、高度成長時代を謳歌していた日本は、目の前が真っ暗になった。生産は低下し、物価は上昇する。不況とインフレが同時にやってきたのだ。

この危機に「耐え忍び適応する」という日本人が持つ強さが発揮された。石油を節約する技術を開発し、工場はその技術を取り入れる。政府は省エネ投資に政策資金をつける、減税するといった支援をし、一丸となって危機に立ち向かった。気がついてみると、日本は世界に冠たる省エネの国になり、環境大国になった。

日本はアメリカのように自国内で石油が採掘できず、西ドイツ（当時）のように石炭があるわけでもなかった。大きな衝撃を受けたことで、日本は資源に乏しいという弱みを、逆に「省エネルギー」という強さに変えたわけである。

強さ（Strength）は重要だが、それ以上に重要なのが復元力（Resilience）だ。私はスイッチングがうまくできれば、日本の経済再生は十分可能だと信じている。

徳川吉宗の見事なスイッチング

私が日本史のなかで、巧みに経済政策をスイッチングしたリーダーを一人挙げるとすると、それは徳川幕府八代将軍の徳川吉宗だ。私が幼少期住んでいた和歌山市の実家のすぐ傍に誕生の地があり、小さいころから親近感を抱いていた偉人でもある。

江戸時代、戦乱が治まると人口の急増と都市経済の発展により、貨幣需要が高まった。しかし、金銀の産出が減少し、貨幣の不足が生じた。このため、金の含有量を減らし、名目上の通貨を増発する、通貨の改鋳（改悪）がたびたび行われた。そのような安易な通貨調達はインフレを引き起こすとともに、多数の通貨が複雑に流通したことで経済の混乱を招いた。

こうしたなか、将軍の座に就いた吉宗は、財政と金融の改革を進めた。財政については節約を徹底。それまでにも何度か倹約令が出されたが、吉宗は贅沢品の製造そのものを禁止するという具体策を採った。吉宗自身も自ら先頭に立って、儀礼の改廃（贅沢な儀式や習慣を改める、廃止する）を行うなど質素倹約に努めた。

加えて、さまざまな業種で組合をつくらせ、その組合を使って物価統制を図った。

金融政策においては、混乱した通貨政策を収束させるため、金銀の含有量を統一させた。それは通貨の収縮を行うことを意味する。市場に出回る通貨量が減ったことで、インフレは急速に収まっていった。

しかし、経済は政策に対し、正直に反応する。吉宗が奨励した新田開発の結果、米が増産された影響もあり、この金融政策は米相場の大幅下落という形で問題が表面化する。米は幕府の税収源であり、武士の給与そのものである。米相場の下落は、幕府の財政と武士の家計を直撃した。

すると、吉宗はこれまでの通貨政策を百八十度転換して、通貨の改鋳を断行。新小判の金含有量を減らす一方、旧小判百両に対して新小判百六十五両という割合で交換するように命じた。当初、市場は混乱したというが、貨幣供給量がみるみる増えたことで、米相場は上がっていった。通貨政策のスイッチングによって、米相場の暴落を見事に救ったのである。

私が経済人として吉宗を評価する点は二つある。

一つは通貨政策をスイッチングする一方、元来の政策課題である財政再建について放棄することがなかった点である。吉宗は「元禄バブル」崩壊後に悪化した幕府の財政立て直しを生涯推し進めた。年貢徴収の強化を進め歳入増を図る一方、幕府の部局ごとに経費削減を命じるなど歳出削減にも積極的な手を打っている。

もう一つはその手法である。吉宗はこうしたスイッチング政策を「ショック・セラピー」方式で進めた。ショック・セラピーとは「強い権力のもと、改革を最後まで一気に進める」ことである。

この「ショック・セラピー」は一九九〇年代前後、社会主義国が資本主義国に体制転換する際に、よく使われた言葉である。社会主義から資本主義に変えるには「少しずつ事を進めないと大混乱を招く」という考え方に対し、当時ハーバード大学教授（現コロンビア大学教授）だったジェフリー・サックス氏は「それではだめだ。一気に変えないといけない」と真っ向から反対した。この「ショック・セラピー」という言葉を使って異を唱えたのだ。

大きな改革を進める場合、漸進主義は既得権益者が既得権を守るため、策を弄する時間をつくることになり、かえって混乱を招くものである。吉宗は天性の勘で「ショック・セラピー」という道を選択したのだろう。

る。

総理のリーダーシップで動かせ

日本の政治状況を評するとき、「官僚依存」とよくいわれる。しかし、誤解してはならないのは、政治家と官僚の力関係はシーソーのようなものである。一方が強くなれば、一方が弱くなる。

その点からすると、一九八八年に世間を騒がせたリクルート事件以降に起きた一連の政治スキャンダルが、政治家の力を弱めてきた。約五年半にわたって政権を維持した小泉内閣と現在の安倍内閣（第二次以降）を除くと、わずか二ヵ月あまりで退陣した宇野宗佑内閣に代表されるように、日本の政権は短期間に次々交代していった。

小泉総理退任後、総理が次々と代わっていた頃の話である。あるテレビ番組が大阪のご婦人（おばちゃん）に街頭インタビューしていた。「また総理が辞めましたが、どう思われますか」とリポーターが聞いたところ、「あら辞めたの、そうなんや。次は私やな」とすかさず答えたのだ。

私は「これは深い」とひそかに舌を巻いた。コロコロと一国の総理が代わる政治状況と、官僚さえいれば「総理なんて誰でもできるでしょ」という批判になっていた。こんな見事な政治批評をするコメンテーターには、滅多にお目にかかれるものではない。この大阪のご婦人は、実によく本質を見抜いている。

しかし、真面目に答えれば、一国の総理大臣は、やはり巨大な権力と絶大な決定権を持っている。EU離脱を巡るイギリスの一連の騒動についても、元はといえば、国を二分する最重要課題について国民投票を導入したキャメロン元首相の政治行動が生み出したものだ。

そもそも日本では政策を決めるのは官僚で、それにのっとって総理大臣が動くと思われているが、過去、本当にそうであったか。

これについて、私が尊敬するエコノミストの香西《こうさい》 泰《ゆたか》氏（日本経済研究センター名誉顧問）がかつて興味深い研究を行っている。それは一九六〇年代から中曽根康弘政権まで、各政権で取られた一つ一つの政策について、誰がどのように決定し、どのように実行されてきたのかを検証したもので、その結果、意外な結論が出た。実は政策の大きなところを決めていたのは官僚ではなく、政治リーダー、つまり総理大臣だったのだ。

この香西論文は外国ではよく取り上げられて話題になったが、英語の論文だったこともあって、日本ではあまり知られていない。

私は、それはまったく正しい指摘だと思う。

たとえば、昭和三十年代半ばに池田内閣が登場す

香西 泰

ると、池田勇人は大多数のエコノミストらの反対を押し切って高度経済成長を唱えた。唯一肯定したのは第二章で紹介した下村治氏である。このとき実は、大蔵省が予算を拡大している。その次の佐藤栄作内閣が安定成長を唱えると、このとき大蔵省は予算を緊縮した。その後、日本列島改造論をぶち上げた拡大路線の田中角栄が総理になると、大蔵省は再び予算を拡大している。

つまり、その時代、時代の大きな方向性を決めてきたのは総理大臣だったのである。また官僚の性格や力量からいっても、総理大臣が決めたことについて絶対に反抗できない。総理大臣のリーダーシップは、世の中を動かすのにとてつもなく大きな役割を持っているのである。

吉田松陰から勇気をもらう

歴史上の偉人たちを考えるときにいつも感じるのが、多くの偉人には二つの共通点があるということである。一つは、すさまじい批判にさらされているということ。そして、その批判と強烈に戦ったということだ。

新しいことをやろうとすれば、既得権益のなかで心地よく生きている人は必ず反対する。会社のなかで何かしらの改善を提案するというときでも、必ず反対する人が出てくるはずだ。戦わずして改革は成し遂げられない。そして、戦うためには会社を、あるいは世の中をよくしたいという、真面目さやパッションがリーダーに求められる。

批判に耐える力は、改革者にとって何より重要だが、批判に耐えるのは本当に大変だ。偉大な諸先輩たちとは比ぶべくもないが、私も小泉政権時、金融担当大臣として不良債権処理、郵政民営化担当大臣として郵政民営化の課題解決にあたったため、ひどい批判にさらされた。郵政民営化の会議を開いた際は、関係者の一人から「いつか仕返ししてやる」と耳元で囁かれた。反対派の議員から面と向かって、「竹中さん、あんたすべて思い通りで満足かもしれないけれど、気をつけろ。どんでん返しがあるかもよ」などと毒づかれたりもした。

実は私が不良債権処理に当たったとき、自分自身をエンカレッジ（勇気付ける）しようと、足を運んだところがある。吉田松陰が投獄された伝馬町牢屋敷跡（東京・日本橋小伝馬町／現在は十思公園）である。

そこには「身はたとひ　武蔵の野辺に朽ちぬとも　留《とど》め置かまし　大和魂」という松陰の辞世の句が刻まれた石碑が立っている。

松陰は二十五歳のとき、当時の進んだ文明を学ぼうと来航したペリーの蒸気船に乗り込んだ。まさにやむにやまれぬ思いで、国禁を破り、アメリカに渡ろうとしたのだ。この企ては失敗、のちに別の罪も加わり、松陰は三十歳の若さで斬首に処された。国を思い、国政を改革しようとし、命を失ったわけである。

わずか百六十年ほど前、日本をスイッチングしようとして殺された人がいる。それを思えば、メディアや一部の政治家からひどく批判されたとしても、今の時代は命まで取られるわけではない。「何と幸せな時代だろう」と私は思った。そのとき、「この状況なんて大したことはない。やれるところまでやってやろう」とスイッチが私に入ったように思う。

批判に耐えるために大事なのは「捨てる力」だ。「今の地位を失ってもいい」「いつ辞めてもいい」と思えるかどうかで、批判に対する抵抗力が違ってくる。大臣時代、言葉は悪いが、私はケンカをする必要があれば、いつでも受けて立つ覚悟だった。実際に、政治家としてはるかに先輩だった大臣と怒鳴り合いのケンカをしたこともある。振り返ってみると、私は政治家として守ろうと思った地位がなかったのがよかったのだろう。

世にはびこる対案なき批判

今の日本には「人の批判だけをしていればいい」という心地好い空間ができてしまった。

「あのお年寄りはかわいそうじゃないか。何とかしろ」と主張はするが、「では、しばらくの間、あなたがお小遣いを削って支えてください」といわれると、「いやいや、それは私の問題ではない。関係ないですよ」と逃げてしまう。

立教大学准教授の和田伸一郎氏が書いた『メディアと倫理　画面は慈悲なき世界を救済できるか』（NTT出版）のなかに、大変興味深い話が出ている。

要約して紹介すると、実はかつての古代ギリシャの公共社会は、もっと厳しいものだった。自分が何かを主張したら、「じゃあ君やってみろ」といわれるし、「あなたは死刑の執行に賛成か？反対か？」と聞かれて、「賛成だ」と答えれば、「では、あなたが執行してください」といわれかねなかった。こうした厳しさが、民主主義の一つの原点だった。

ところが、今の日本には、問題解決のための案を出さず、批判ばかりしている人が多い。小泉内閣のなかにいて批判にさらされているとき、私は批判のパターンはたった三つしかないことに気がついた。

一つ目は、とにかく反対のことをいう。金利が下がれば、「金利が下がったら、年金生活者が困る」といい、金利が上がれば「中小企業が困る」という。このやり方であれば、いつも批判することができる。

二つ目は、永遠の真理をいう。「もっと戦略的に考えないと駄目だ」とか、「もっと目線を低くして考えないと駄目だ」という具合に、とにかく一見もっともらしい「正論」を述べるのだ。「戦略的に考えなくていい」という人は誰もいないので、これは否定しようがない。

三つ目は、相手にレッテルを貼る。「あいつはアメリカ原理主義者だ」「あいつは弱者切り捨ての新自由主義者だ」などと決めつける。この方法で今もさんざん攻撃されるが、根拠がまったくもってわからないものがほとんどで、これまた反論のしようがない。

この三つには明らかな共通点がある。それはどうすればよいかという対案が何もないことだ。これが現在の世のなかの姿なのである。

したがって、リーダーは絶対に国民の〝御用聞き〟になってはいけない。「国民の生活が第一で、ご不満に思っていることはすべて解決しますよ」といっても、そんなことは実現できるはずもない。ところが、残念なことにハイパー・ポピュリズムの高まりとともに、昨今、世界のリーダーたちが少しずつ御用聞きになっているように見える。

当然のことながら、民主主義のリーダーは、みんなの意見を聞かなければならない。しかし、リーダーの役目はあくまで国民にビジョンを与えることにある。小泉首相はかつて「今の痛みに耐えて明日をよくしよう」と国民に語りかけた。

軋轢《あつれき》や批判に耐え、周りを説得しながら新しいものを生み出す本当のリーダーでなければ、大胆な政策変更を要するスイッチングはできない。

第四章　歴史的スイッチング政権だった小泉内閣

需要重視から供給重視にスイッチ

「古い自民党をぶっ壊す」

二〇〇一年、小泉純一郎元総理が自民党総裁選に出馬した際のキャッチフレーズだ。まさにこの言葉が象徴している通り、小泉内閣の性格を一言で表すとすれば、それは「自民党政治のスイッチング」だった。

私もそれまでの自民党型の政策をスイッチングする必要を強く感じていた。小泉内閣で経済財政政策担当大臣などの大臣に就き、経済対策の指揮を執った私は、需要重視だった従来の経済財政政策を、より供給重視にするよう舵を切った。

一九八〇年代に四・五%だった日本の平均経済成長率は、一九九〇年代には一%前後に落ち込んでいた。当時の一般的な処方箋は需要不足に対するものだった。需要不足だから需要を追加する形で、ほとんど毎年のように追加経済対策、つまり補正予算を組んで公共事業を中心に政府の支出を増やしていた。その追加経済対策の総額は百三十兆円になっていた。

私は、約五百兆円のGDPに対し四分の一を超える金額の追加経済対策をしているのにもかかわらず、低成長から一向に抜け出せないのは、普通に考えても何かおかしいと感じていた。

私は不況の原因を「デット・オーバーハンギング」だと考えていた。「債務（デット）」を「引きずる（ハンギング）」という意味だ。つまり、企業が返せない過剰債務を抱え、新たなリスクを取れないため、投資ができず、従業員の所得も伸びない。先行き不安がある消費者も、お金を使おうとはしない。

一方、企業や個人の過剰な債務は、銀行側から見ると、それは不良債権になる。この不良債権が膨らみ、銀行は新たな貸し出しを増やすことが難しくなっていた。次第に、返済できる余裕のある企業に対する貸し出しも渋るようになり、さらには回収できる企業からは急いで貸し付けを回収する、という行為に出ていた。バブル崩壊以降、膨れ上がった不良債権が企業活動の停滞に拍車をかけていた。

私は、これ以外の診断結果はあり得ないと確信した。

この解決のため私は、志を持ってきちっと経済学や経営学を勉強している実務家を集めた。のちに「竹中グループ」と呼ばれる彼らと一緒につくりあげたのが、①資産査定の厳格化、②自己資本の充実、③ガバナンス（企業統治）の強化という三本柱からなる「金融再生プログラム」だ。

特にポイントとなったのが資産査定の厳格化だ。銀行から見ると貸し付けは資産であるので、その資産査定をきっちりと行う。資産の現在価値を計る算出法の一つである「ディスカウント・キャッシュフロー（ＤＣＦ）」法を用い、どのように査定するかガイドラインを決めた。そして、最終的には、このガイドラインを金融庁が銀行を検査する際のマニュアルに反映するような仕組みをつくった。これが成功のカギだったと考えている。

私が金融担当大臣に就任した二〇〇二年当時、不良債権は大手銀行の融資全体の八％以上あり、十二件貸したうちの一件が戻ってこない計算だった。私は就任時、「大手銀行の不良債権を二年半で半減（四％）する」と宣言したが、銀行側も金融再生プログラムにしたがい、不良債権の処理の手続きを急いだ。このため、実際には約二年半後に二％台まで不良債権比率は下がった。

日本経済の再生のため、最重要課題だと考えていた銀行の不良債権問題は、このようにして解決されたのだ。

郵政民営化は構造改革の本丸

日本経済を活性化するための構造改革には、リアクティブ（受け身）な改革とプロアクティブ（攻め）な改革の二種類がある。リアクティブな改革が不良債権処理とするなら、プロアクティブな改革が郵政民営化である。

プロアクティブな改革とは、少子化やグローバル化など目まぐるしく変化する経済環境に対して、前向きに構造を変化させることである。日本の人口構造は総人口が減少する一方で、高齢化が進む。若い世代の負担をなるべく低く抑えるためには、小さくて（正確には肥大化を避けて）効率的な政府をつくることが重要である。これができないと、重い税と社会保障負担によって経済活力が大きく削がれる。

小さな政府をつくるということは、まさに「民間でできることは民間で」ということを意味する。つまり、民営化の推進が必要なのである。これもまた小泉内閣が入れた大きなスイッチングだったように思う。

小泉内閣で郵政公社の民営化を「改革の本丸」に挙げたのは理由がある。それは日本最大の政府機関こそが郵政公社だったからである。郵政民営化法案が国会で審議された二〇〇五年当時、二十六万人の正規従業員を抱え、ほかに十二万人のパートタイマーを擁していた。

郵政事業は「郵便」「銀行（貯金）」「保険（簡易保険）」という三つの業務に分かれるが、当時それぞれに民営化が必要とされる問題を抱えていた。

郵便事業は、eメールの普及によりダイレクトメールの需要増加にもかかわらず、取扱量は毎年約三％のペースで低下を続けていた。新たな市場獲得のため、国際業務進出を含め、民間企業としての自由度を持たせる必要があった。

銀行・保険という金融事業でも、貯金・簡保の規模縮小のほか、政府保証で集めた資金の運用先は限定されるため、収益の大幅な低下が懸念された。このため、政府機関としての制約を取り除き、段階的に自由な金融業務ができるようにする必要があった。

政府最大の組織である郵政公社の民営化は行革のまさにシンボルであったが、自民党の大票田団体である「全国特定郵便局長会」、日本労働組合総連合会（連合）などの労働組合をバックにした民主党など、さまざまな抵抗勢力からの大反対を受け、政治闘争化していった。

このの結果は、読者の皆さんも覚えているはずである。

二〇〇五年七月五日、小泉内閣が提出した郵政民営化法案は、賛成二百三十三票、反対二百二十八票というわずか五票の僅差で、衆議院で可決。参議院に送られるが、八月八日に開かれた本会議の採決で否決された。得票数は賛成百八票、反対百二十五票だった。

これを受けて、小泉総理は国民に信を問うため、衆議院の解散を宣言した。いわゆる「郵政解散」である。その夜のテレビの記者会見で、総理は次のようにいい切った。

「民営化法案が否決されたが、郵政民営化を本当にしなくてもいいのか、国民に聞いてみたい。国民が反対なら、私は退陣する」

九月十一日に開かれた衆議院選挙では、民営化反対の与党議員の選挙区に「刺客」と呼ばれる郵政民営化賛成候補を立て、自民党が圧勝した。国民の絶大な支持を受けた自民党は、改選前の二百十二議席を大きく上回る二百九十六議席を獲得。公明党と合わせた与党全体では三百二十七議席となり、議席数の三分の二を超えた。

総選挙を受けて、郵政民営化法案は改めて審議に付され、衆議院では賛成三百三十八票、反対百三十八票の大差で可決。参議院でも賛成百三十四票、反対百票で可決され、郵政民営化法案は十月十四日に成立した。

すさまじい小泉総理のパッション

第一次小泉内閣の経済財政政策担当大臣になって初めて国会答弁をするときのことだ。年齢の若い石原さんが一番端の席、その次が私の席だった。同じ閣僚で席が隣だった石原伸晃規制改革担当大臣から声をかけられた。「先生、我々の席から答弁席まで、そこそこの距離があるでしょ。答弁席に行くまでに、何をいうか考える時間が取れますよ」。私が気持ちを楽にできるよう心遣いされたのだろう。

野党の国会議員は、面白いとも意地が悪いともいえる質問をしてきた。

「今までの自民党の経済政策をあなたは変えるといっている。ということは、これまでの政策が悪かったのか。あなたは自民党を批判しているのか」

「何ていおうか」と私が考えながら答弁席にたどり着いたところ、後ろから小泉総理が声をかけてくれた。

「いっちゃえ、悪いところを変えるのが小泉内閣だっていっちゃえ」

今から思えば実に小泉さんらしい一言だったと思う。小泉内閣ではこれまで書いた通り、経済政策の転換から郵政民営化に代表される規制改革まで、従来の自民党の政策を大胆にスイッチングした。

なぜ、これが実行できたかといえば、小泉総理の強いリーダーシップがあったから――その一言に尽きる。総理は「構造改革なくして成長なし」「改革には痛みが伴う」などと公言してはばからなかったが、実際に規制改革にかける総理のパッションにはすさまじいものがあった。

小泉総理がリーダーとして優れていた点は三つある。

第一は「基本に忠実であること」である。

小泉総理は派閥に相談せず、一本釣りで大臣を任命した。当時は多くの批判があったが、あれは憲法通りにやっただけの話である。憲法には大臣は総理が任名して天皇陛下が認証する、と書いてある。派閥に相談するほうが邪道なのである。

また、小泉内閣では私を含め、遠山敦子氏（文部科学大臣）、川口順子《よりこ》氏（環境大臣、外務大臣）という三人の民間人を入れた。日本では内閣の過半数は国会議員でないとならないが、それ以下なら民間人を入れてよいことになっている。総理が任名すればまったく問題ない。「けしからん」という人もいたが、こちらも憲法通りである。

第二は「瞬時の判断力」である。

あるとき、瞬時の判断力について小泉総理に聞いたところ、「相撲の立ち合いと同じだよ」という答えが返ってきた。

「相撲では『立った瞬間に右に回って、上手を引いて……』などとは考えない。そんなことしていたら、負けてしまう。それと同じで一瞬の判断だ。この一瞬の判断を養うため、力士は稽古をしている」

私なりに推測すると、たぶん小泉総理はオペラを見ながら、歌舞伎を見ながら、いろいろなことをイメージトレーニングしていたのだろう。その点で小泉総理は、二十四時間勉強している人だと思う。

第三は「直接対話の力」である。

組織のリーダーは、そのステークホルダーに対して直接に語りかける力を持っていないと、必ずどこかで足をすくわれるものである。優れた政治家・経営者といわれる人は、話が面白く、説得する力を持っている。その背後には、強い思いやパッションがあることに加え、日頃考えていることの積み重ねがあるように思う。

私が小泉総理にお願いして作ったメールマガジンは、当時約三百万人が会員になってくださった。それも小泉総理に直接対話力があったからこそである。

戦略は細部に宿る

第一次小泉内閣発足後の初めての夏休み、小泉総理から箱根のプリンスホテルに夕食に招かれたことがあった。私と総理の二人の友人が一緒だった。楽しい時間だったが、会食の終わり頃になって、総理がつぶやくようにいった。

「やっぱり、あの諮問会議だよな。大事なのは……」

私はこの言葉で、小泉内閣における経済財政諮問会議の位置付けが改めて確認されたと思った。それから小泉内閣の構造改革は、この諮問会議を通じて方針が決められることになる。

経済財政諮問会議は二〇〇一年の中央省庁再編のときに設けられた機関である。特徴は内閣総理大臣が議長になることで、このため官邸主導の政策決定が可能になる。橋本内閣における行政改革の最大の成果はここにあると考えている。同窓（慶應義塾大学）の橋本・小泉両氏は政策をめぐって時に対立したが、小泉総理は非常にスマートに橋本行革の成果を受け継いだ。

私は当時、海外の人に諮問会議を説明するとき、「総理が一番長く出席する会議です」といっていた。すると相手はその重要性を理解してくれた。

メンバーは総理を含めて十一人（以内）で、このうち四人が民間有識者（民間議員）だった。彼らの同意が得られれば、私と総理を含めて合計六人となり、会議で過半数を押さえることができる。それが私の戦略だった。私は会議を開くにあたって、この民間議員の賛同を得られるよう、事前にブリーフィング（事情説明）を丁寧に行った。

そのとき、資料作成にあたってくれたのが、当時財務官僚だった髙橋洋一氏、経済産業官僚だった岸博幸氏（現慶應義塾大学大学院教授）ら、志のある官僚だった。彼らの協力を得て、まずは民間議員の合意を得る。次に経済財政諮問会議の場で反対派を説得し、諮問会議で物事が決まるよう努めた。

ビジネスの世界でも同じだろうが、政治の世界では仮に理想的な答えを見出したとしても、それだけではほとんど意味がない。つまり、どんなに理想的な青写真を描いたとしても、それを実現するためのプロセスまで戦略的に考えなければ、政策論にはならないのだ。

改革のためには「自分はこれをしたい」というリーダーのパッションが大前提となるが、同時に細部にきっちり目を向けていないと、大事を達成することはできない。

たとえば、銀行の不良債権処理の問題でも、専門知識があれば、「これから不良債権処理を断行する」と宣言することはできるかもしれない。問題はどのように進めるかである。

まず、資産査定を正確にしなくてはならない。これも「いうだけなら簡単な話」である。そのためには何をしなければならないのか。「厳格な資産査定をするためのガイドラインを作成する」→「ガイドラインを金融庁の検査マニュアルに反映する」といった手順が必要になってくる。

こうして細かい戦略を練り上げることによって、初めて不良債権問題の解決策は具体的なものとなる。これが「戦略は細部に宿る」ということなのだ。

政策論議がずさんになる理由

前述の通り、私が戦略を練る際、頼りにしたのは志のある官僚、そして志のある実務家だった。

政策は一つ一つの法律行為の積み重ねである。そのプロセスについては、詳細な知識や情報がないとできない。それを圧倒的に持っているのは官僚である。

実務家は、不良債権処理のときなど、「こういう通達を一本出せば公認会計士のビヘイビア（ふるまい）が変わりますよ」といった貴重なアドバイスをしてくれた。あえて挑戦的にいえば、金融論の専門家は役に立たなかった。ある専門家は「そんなことできないよ」といって逃げ出したのである。

私が一生懸命仕事をしていると、次第にこうした人たちが集まってきてくれて、自分たちの組織の利害などを顧みず、私のチームになってくれた。特に官僚の人たちはリスクを顧みず、組織を乗り越えてよくぞ参加してくれたと、今でも感謝している。こうした志を一にしたネットワークができないと問題解決などできはしない。

アメリカの経済学者で知人でもあるポール・クルーグマン氏は、「庭師と植物学者」というたとえをよくする。よい庭をつくろうとすれば、植物学の知識は間違いなく役立つ。しかし、植物学の知識だけでよい庭はつくれない。よい庭をつくるためには、庭づくりの経験や優れた感性などが必要になる。優れた植物学者が即、よい庭師になれるかといえば、決してそうではない。

政策は庭師の仕事のようなものである。学者や評論家などの専門家が現実の政治の世界で役に立たないことが多いのは、そこに理由がある。

フランスの作家、ロマン・ロランの名言に「すべての知識人は政治家を軽蔑している。すべての政治家は知識人を軽蔑している」というものがある。この言葉は学者と政治家、両方を経験した人間として非常によく理解できる。

知識人からすると政治家、特に族議員などは、利害調整ばかりやっているように見える。しかし、政治家からすると、知識人のいうことは具体的な対応策に役立つことは何もいわず、無責任だと感じる。これをどう乗り越えるかがお互いの課題だと思う。

ただし、政治家は誤解されている。学者からすると政治家は政策をあまりわかっていないのではないかという認識がある。しかし、実は細かい制度について、政治家は本当に詳しい。日本の制度は複雑で、書いたものだけで勉強しようとすると大変なことになる。「こういうふうに書いてあるけど、実際はこうなんですよ」と耳学問でしか伝わらないことがいっぱいある。

このため、政治家と学者が具体的な政策のことで議論すると、おそらく普通の学者は負けてしまう。それほど政治家は細かい政策に詳しいのである。

多くの日本の学者や評論家は、政策に関わったこともないのにあれこれ評価する。彼らのなかには植物学者なのに、庭師のような発言をメディアでする人も多い。わかりやすくいえば野球をプレーしたことがないのに、野球の解説をしているようなものである。

そのため思想の話と実際の政策の話は違うにもかかわらず、そこが混在してとてもずさんな政策論議をもたらしている。私は彼らが庭師と植物学者の違いがあることを、まず理解することが重要だと感じている。

経済がよくなると政府は慢心する

テレビコメンテーターとしても活躍するモルガン・スタンレーMUFG証券のロバート・フェルドマン氏が、社会事象の流れを捉えて「CRIC（クリック）サイクル」という概念を示している。「C」はCrisis、「R」はResponse、「I」はImprovement、「C」はComplacencyである。

Crisis＝危機が起きると、それに対して政府は何らかのResponse＝対応をする。そうすると事態はImprovement＝改善する、事態が少し改善されると、それにみんながあぐらをかいてComplacency＝慢心し、怠慢になる。実に言い得て妙だと思う。

日本では二〇〇〇年前後に危機が起こり、小泉政権がそれに対する対応を二〇〇一年から開始した。その結果、二〇〇三年くらいから二〇〇六年くらいまで、日本経済は改善した。そうすると、その後は慢心し、残念ながら改革の歩みを止めてしまった。

それを象徴する代表的な例が、「改革の本丸」として小泉内閣が心血を注いだ郵政民営化路線の修正である。

もともとの郵政民営化は、「日本郵政株式会社」という持ち株会社の下に、「郵便事業株式会社」「郵便局株式会社」「株式会社ゆうちょ銀行」「株式会社かんぽ生命保険」という四つの会社をぶら下げる、五社体制で進められていた。ところが、二〇一二年、当時の民主党政権がこの制度を改悪。郵便事業株式会社と郵便局株式会社を合併させた「日本郵便株式会社」をつくり、四社体制にしてしまったのだ。

郵便事業とは郵便物や小包を運ぶ物流産業である。物流産業はできるだけ拠点を集約して、効率的に集配するのが経営原理であり、効率化のカギになる。一方、郵便局事業とは郵便局をベースにした拠点ビジネス、ネットワークビジネスである。コンビニエンスストアと同じような性格を持つ。

違う性格の事業を一緒にすることは、巨大な郵政ファミリーの復活を認めるだけである。必ずや経営の非効率さを生むだろう。

さらに「かんぽの宿」の売却もいまだに手がついていない。一度はオリックスグループへの一括譲渡が決まっていたが、麻生太郎政権の鳩山邦夫総務大臣が売却にストップをかけてしまった。

ただし、この問題は「二〇〇〇億円を投じたものを、一〇〇億円で民間企業に売るのはけしからん」とさんざん煽ったメディアの責任も大きい。本来なら一〇〇億円の価値しかないものに、二〇〇〇億円をかけて造ってしまったのが問題であると責めるべきだった。

「かんぽの宿」の売却価格の比率を見ると、赤字を垂れ流すと以前に問題になった公的年金被保険者や年金受給者のための保養施設「グリーンピア」と数字的に大差はなかった。年金保険料から約一九五三億円を投じたグリーンピアの売却価格はわずか四十八億円だった。

会計検査院の調査によると、二〇一一～二〇一四年度の平均で、「かんぽの宿」六十六施設中、四十七施設の営業損益が赤字だという。検査院は経営改善が見込めない場合、譲渡などを検討するよう求めている。一〇〇億円でも購入してくれる企業があれば売却したほうがよかったのは、自明の理だった。

実は小泉さんが政権を退いたあと、この件について相談したことがある。小泉さんは「まあ、ほっといたらいい。大きな流れは絶対に変えられない」と超然と笑っていた。私も郵政民営化の流れは、もはや後戻りさせることはできないと思う。

とはいえ、この問題に象徴されるように、小泉政権後の「最も失われた五年」の間に構造改革は一気に後退した。特に三年三ヵ月間にわたる民主党政権は怠慢と衰退の時代だった。

成長の否定は間違った考え方

先日、私がテレビのある報道番組に出演したときのことだ。日本の潜在成長率（経済本来の実力を示すといわれる）が書かれたフリップを出されて、キャスターに感想を求められた。ちなみに、フリップには日本銀行の推計で「〇・二％」（二〇一五年度下半期・前年比）、内閣府の推計で「〇・三％」（二〇一五年度・前年比）と書かれていた。

一向に成長しない日本経済について、対論相手の高名なエコノミストの方は「（今の日本は）人口も減っているし、日本経済が成熟した一つの証明だと思う。個人的に考えてみると、今あんまり買いたいものがないんだよね。多分、皆さんもそうだと思う」と破顔一笑された。

もちろん、私は各国の一人当たりＧＤＰのデータなどを出して反論に努めたのだが、話はかみ合わず、苦笑せざるをえなかった。

最近、テレビのスイッチを入れると、やたら日本礼賛をする番組を目にする。そこでは経済成長よりも、温かい社会が大切だと語られる。成長なき世界でどのように快適に生きていくか、これからの時代はそれを考えようという文化人も多い。こうした意見はややもすると心地好く感じられる。

私も社会の絆は大事にすべきだと思う。しかし、経済成長を否定するのは「間違っている」と改めて強く主張したい。

コロンビア大学ビジネススクール学長で、私の友人でもあるグレン・ハバード氏（元アメリカ大統領経済諮問委員会委員長）が書いた経済学の教科書のなかに出ていた有名なエピソードを紹介したい。

一九五〇年の時点で、世界のなかで見ると、アルゼンチンは先進国だった。当時のアルゼンチンの一人当たりGDPはフランスを上回っていた。しかし今、フランスの一人当たりのGDPはアルゼンチンの三倍前後ある。

この間、フランスが極端な高度成長を遂げたわけではない。フランスの経済成長がアルゼンチンに比べて、わずか一・五％前後上回っていたにすぎない。わずかな違いであっても、これが六十五年間続くと、「一・〇一五」の六十五乗は、約二・六倍になる。

蛇足になるが、名作アニメ『母をたずねて三千里』のなかで、主人公のマルコはイタリアのジェノバからアルゼンチンに出稼ぎに行った母親を訪ねている。この原作となった小説『クオーレ』が書かれたのは一八八六年。明治初期の頃、アルゼンチンはヨーロッパ大陸の国に負けない先進国だったのである。

「今の私たちはそれなりに豊かだ」と気軽にいうかもしれないが、それは私たちの親の世代、祖父母の世代が頑張って働いて、わずかでも経済成長率を高めてきてくれたからである。中高年世代の人たちは、私たちの祖父母や親がしてくれたように、子どもや孫世代のために豊かな社会をつくる義務がある。そのために成長率を少しでも高めなくてはならない。

一方、若い人たちに注意したいのは、成長を否定する文化人や評論家の人たちの多くは、それなりの地位や資産をすでに手にしていることだ。たとえ経済が現状維持で続いたとしても、生活に困らない人たちである。若い世代の人が、彼らの意見を鵜呑みにするのは真にリスキーだ。成長率を高める努力を怠れば、リタイアしたとき待っているのは、今よりも貧しくなった日本である。

経済成長を否定するのは間違ったスイッチングである。こうしたスイッチが小泉政権以降押され続けてきた。それがようやくアベノミクスで見直され、正常化されつつある。

もちろん、一九六〇年代の高度経済成長期のように、年平均十％を超えるような高い経済成長率が今後、達成されることはない。しかし、今の日本において、ＯＥＣＤ加盟国の最低水準の成長率となる、対前年比一％を下回る状況が続くのは、経済運営に何かしら問題があるからである。

実際、小泉政権時代にあたる「回復の六年」（二〇〇二〜二〇〇七年）の平均経済成長率は、一・六％まで回復していた。私はその経済政策を担当した一人として、この程度の成長率は日本経済の実力からすれば十分に可能だと信じている。

日本経済を再起動させるため、次章からは私が考える経済政策をテーマ別に提案していきたいと思う。経済成長のためのスイッチをみんなで入れよう。

第五章　成長戦略①特区とコンセッションを大胆活用する

規制に埋めつくされている日本

先に紹介した私の古い友人、グレン・ハバード氏と、スタンフォード大学フーバー戦争・革命・平和研究所リサーチ・フェローのティム・ケイン氏が書いた話題の経済史書に『なぜ大国は衰退するのか　古代ローマから現代まで』(翻訳・久保恵美子／日本経済新聞出版社)がある。ローマ帝国や明朝中国、スペイン帝国、大英帝国など、これまで歴史に名を残した世界の大国がいかに経済的に繁栄し、衰えていったか、緻密に分析した四百五十ページ前後ある(日本版)大著である。

このなかで、ハバード氏とケイン氏は明治維新以降の日本経済についても分析している。非常に興味深い話なので紹介してみたい。

二人は日本(経済)の台頭と衰退を囲碁の対局に例え、三つのステージに区分している。

第一ステージ(一八六〇〜一九〇五年)は明治維新前後からの国家管理型・輸出主導型の資本主義で、これは囲碁の「布石」にあたる。

第二ステージは〝収斂《しゅうれん》〟の二十世紀で、これは囲碁の「手筋」(最も効果的な最善の手)にあたる。国家管理型資本主義を発展させる一方、株式を持ち合う企業ネットワークなどに支えられた大企業が生産活動の効率を高めていった。

第三ステージは一九九〇年以降の「失われた年月」と軽蔑的に称された経済低迷期である。棋士は「後手」に回り、もはや受けの手を打つことしかできないでいる。

二人は日本経済が復活するために、次のようなアドバイスをしている。「囲碁に例えるならば、日本は経済を発展させる布石を創造するためにまさに特別なことを実行したのだが、いまや碁盤は石で埋めつくされており、制度のしくみやパターンに変化は見られない。日本が経済を進化させるには、いったん盤上から石を取り除いて新たな布石を打たねばならない」

私は非常に正しい分析だと思う。今の日本で何か一つ新しい経済政策や経済活動を検討すると、それを規制する多くの法律や省令、要綱などがあり、しかもそれらが複雑に絡みあっていることに驚かされる。今の日本という碁盤の上には、「規制」という名の碁石がぎっしりと隙間がないほど置かれている。

しかし、これらの碁石を一度に取り除こうとすれば、あちこちにいる既得権益者から大変な抵抗を受けるだろう。ハバード、ケイン両氏は「日本は二十一世紀版の明治維新を必要としている」と書いているが、現実的にはブルジョア革命のような「維新」を、すぐさま実行するのは難しい。

そこで、岩盤規制を崩す突破口として取り組む必要があるのが、「国家戦略特区」の推進である。

国家戦略特区への安倍総理の決意

「面白い。やってみよう」。小泉総理のその一言で特区は生まれた。

二〇〇二年、経済財政政策担当大臣だった私は、「構造改革特区」を提唱した。規制改革を議論しても、既得権益者の抵抗でなかなか前に進まない。それならば、一定の地域に限って先行的に規制を改革し、それを全国に広げようと考えたのだ。

当然ながら、「これは一国二制度だ」と各省庁が猛反対する。たしかに、境界線の内側は外側と違って規制が緩いのだから、管轄する官庁としては面白くない。ところが、小泉総理の発言で潮目は変わった。各省庁が積極的に協力を申し出たのだ。

この特区で株式会社の農業への参入が進み、その結果として農業（一次産業）、食品加工（二次産業）、流通など（三次産業）を統合する六次産業（一＋二＋三＝六）という概念が定着するまでになった。初期の特区は明らかに成果を挙げた。

しかし、「構造改革特区」は小泉総理退任後に特区に対するモメンタム（勢い）が大幅に低下してしまった。もともとスタート時点の特区の仕組みは、地方自治体などが国に規制緩和を申し出て、国が省庁タテ割りをそのままにいわば上から目線で「これはよい」「これはダメ」と決定するものだった。

このため、地方から特区申請しても「現行制度でできるはず」と門前払いをされるケースも少なくなく、そのうち特区申請自体が先細りしていった。

これに対し、安倍政権で誕生した「国家戦略特区」の特徴は、総理が国家戦略として特区を進める点にある。

それぞれの特区ごとに、総理の命を受けた特区担当大臣、地方の首長、民間企業の代表の三者で「区域会議」を開き、そこが全権を持ってやるべき規制改革などを決めるようにした。この会議はいわば「ミニ独立政府」のように、大きな権限を持っている。

ただし、方針に反対する関係省庁も出てくるので、中央政府に総理をトップとする「国家戦略特別区域諮問会議」を設け、最終的にはそこで決着できるようにしている。

特区をつくるには当然ながら、法律が必要になる。こうした法律をつくろうとすると、法案作成から国会審議を経て成立するまで、通常二年はかかるのが一般的だ。しかし、「国家戦略特区」については、私が産業競争力会議の場で提案してから法律が成立するまで、わずか八ヵ月間しかかからなかった。これは異例だ。安倍内閣の決意と期待の表れだと感じている。

規制改革のメニューをつくり、やりたい地域には手を挙げてもらう。あるいは各地域から「こういうことをやってみたい」という提案も受け付ける。その後、どこまでの規制緩和が可能で、どこから先が難しいか関係省庁と詰める。私も国家戦略特別区域諮問会議のメンバー（有識者議員）の一人だが、こうした手順を踏みながら、今まさに国家戦略特区を進めようとしている。

農業再生で注目の養父市の挑戦

二〇一四年、国家戦略特区諮問会議で第一弾の特区として選ばれたのは、以下の六ヵ所である。

①東京圏　東京都、神奈川県、千葉県千葉市及び成田市を対象区域とし、国際的ビジネスや新事業創出の拠点とする。
②関西圏　大阪府、兵庫県、京都府を対象区域として、国が成長産業と位置付ける最先端医療の研究開発、事業化の拠点とする。
③新潟市　農業の規模拡大や六次産業化の進展をはじめ、農業改革の拠点とする。
④養父《やぶ》市　耕作地放棄の解消や六次産業化の推進など、中山間地農業の改革の拠点とする。
⑤福岡市　創業支援のほか、ＭＩＣＥ（国際会議や展示会など）の誘致促進などを通じて、産業の国際競争力強化と雇用拡大を図る。
⑥沖縄県　査証（ビザ）の発給要件の緩和などを想定、外国人観光客増大を目指す観光産業の拠点とする。

これらの特区は、「区域内における経済的社会的効果」「国家戦略特区を超えた波及効果」「プロジェクトの先進性・革新性等」「地方公共団体の意欲・実行力」「プロジェクトの実現可能性」「インフラや環境の設備状況」という六つのポイントを考慮して選ばれた。

このうち、「養父市」については、読者の皆さんも馴染みがないかもしれない。兵庫県北部にある人口約二万五千人の小さな市である。

話が横道にそれるが、下手な医者を指す「ヤブ医者」の「ヤブ」とはこの街の地名から採られたという説がある。もともとこの地には大変腕のいい医師がいたが、不埒《ふらち》な医師たちが「自分はその名医の弟子である」と各地で勝手に名乗って、下手な治療をしてしまい、評判を落とすのである。そこから一般的に使われるようになったといわれる。

諮問会議のなかで、「養父市のような小さな市が特区としてふさわしいか」という反対論もあったが、養父市の前身、八鹿《ようか》町職員の頃から改革派として知られた広瀬栄市長のリーダーシップが高く評価されて選ばれた。

現在、農業では全国規模で増えている「休耕地」が問題になっている。農家の高齢化に加えて、農地法によって一般的な株式会社が土地を所有できないなど、農業への参入や農地の利用などについて細かな規制があるのが大きな要因である。特に、他者への売買や貸与のためには、地域農家を中心に構成される農業委員会の同意を必要とするのが、高いハードルとなっている。

国家戦略特区のなかで私たちは、農業委員会の機能を市役所に移転し、最終的な決裁を市長が行うことを提案した。当初、複数の自治体がこの仕組みを採用したいと手を挙げたが、地元の農協などにことごとく猛反対され撤退した。そのなかで最後まで逃げずに、農協を説得したのが広瀬市長なのである。

農地の流動化などの規制緩和を進めた結果、養父市では企業が農業に参入する動きが続いている。オリックスはグループ会社のオリックス農業を通じ、市が出資するやぶパートナーズなどとともに農業生産法人やぶファームを設立、養父市特産のピーマンや黒大豆、タマネギなどの露地栽培を手がけている。一方、ヤンマーは直営農場を設置、国産ブランドにんにく「やぶ医者にんにく」の本格的な出荷を始めた。

日本の農業の再生に向けてスタートした小さな自治体の挑戦が、今や日本中の期待と注目を集めているのである。

東京が特区で生まれ変わる

経済復活の起爆剤になるのではないかと、私が大いに期待しているのが東京の特区だ。

トロント大学の社会学者リチャード・フロリダ氏は、夜間に撮影された地球の衛星写真をもとに、「地球は二十から三十の灯りの塊でできている」と述べている。その塊を「メガ・リージョン（＝大都市圏）」と呼び、これこそがイノベーションの源泉であると主張している。

こうした塊のなかでできる、たくさんの人と人とのつながりが、第二のスティーブ・ジョブズ氏やビル・ゲイツ氏といった時代を切り拓くクリエイティブな人間を誕生させる。それがイノベーションを誘発するのである。

実は世界で最も巨大な大都市圏は東京圏だ。ボストン、ニューヨーク、ワシントンと続くアメリカ東海岸がいかにも巨大そうだが、そこは第二位。東京圏はそれよりも大きいのである。

ところが、世界の都市での東京の位置付けは、ロンドン、ニューヨーク、パリにまだ及ばない。私が所長を務める森記念財団都市戦略研究所が約八十の指標をもとに世界の都市を順位付けする「世界の都市総合力ランキング」では、東京はロンドン、ニューヨーク、パリに次ぐ、第四位の座がすっかり定番となっている。それどころか、二〇一五年の調査では第五位のシンガポールに猛追されている（二〇一六年の調査で東京は初めて三位に浮上したが、ビジネス環境など一部項目で得点を落としており、他の都市からの追い上げを受けている）。

ただし、トップスリーを狙う東京に絶好のチャンスがやってきた。それが東京オリンピック・パラリンピックである。五輪開催に向けたインフラ強化による伸び、さらには国内外メディアでの露出の増大が期待できる。現在ランキング首位のロンドンも二〇一二年に開催されたロンドン五輪をテコにして、ニューヨークを逆転した。

東京特区ではメディアで話題になった大田区のいわゆる「民泊（外国人滞在施設経営事業＝一般住宅に有料で観光客らを泊める）」をはじめ、さまざまな取り組みがなされる。このうち、私が注目しているのが、特区を利用した東京の再開発だ。

これまでの都市開発では、都市計画審議会の調査審議などを含め、計画が決定するまで五年から七年の期間が必要とされた。それを特区の特例を利用し、関係者を一堂に集めることで、すべてを二年で決定できるようにした。

東京の景色が実際に変わりつつある具体的な事例を紹介する。

財務省などがある政策の中心地、虎ノ門から、新橋方面に向かう立派な道路が姿を現した。いわゆる「マッカーサー道路」と呼ばれ、第二次大戦直後から構想されていた幹線道路だ（ただし、現実に「マッカーサーが計画したわけではない」とされる）。この「新虎通り」の沿道は、しゃれたオープンカフェが並ぶ「日本のシャンゼリゼ通り」になると期待されている。

二〇一四年六月、その幹線道路の真ん中には、森ビルによる巨大ビル「虎ノ門ヒルズ」が誕生した。道路はここの地下を走るというユニークな構造で、道路をまたぐビルの最上階には日本に初進出する高級ホテル「アンダーズ東京」が入っている。この道路の南は築地のオリンピック選手村に繋がり、北は赤坂から国立競技場に向かう。要するに、オリンピック道路なのだ。

東京五輪に向けて、この虎ノ門ヒルズを拠点に虎ノ門地区の再開発が加速する。「虎ノ門ヒルズ　ビジネスタワー（二〇一九年度完成予定）」「虎ノ門ヒルズ　レジデンシャルタワー（二〇一九年度同）」「虎ノ門ヒルズ　ステーションタワー（二〇二二年度同）」という三つの超高層タワーの建設に加え、都心と臨海部を結ぶＢＲＴ（バス高速輸送システム）や空港リムジンが発着するバスターミナルを虎ノ門ヒルズに隣接して建設する計画もある。

東京都は国家戦略特区の規制緩和策を使い、現在都内で計画している二十八の再開発計画を実現した場合の経済波及効果を約十兆円と試算している。私はこうした経済効果だけでなく、日本の首都が生まれ変わるという、ワクワク感（期待）が国民に生まれることを何より期待している。

二〇一六年八月に発足した第三次安倍再改造内閣で私が評価している点の一つが、〝アベノミクスを導入した功労者〟の一人である山本幸三氏の初入閣である。構造改革や成長戦略に積極的な考えを持つ山本氏が、国家戦略特区を所管する地方創生担当相と行政改革担当相を兼務することで、特区の動きが加速化することを願っている。

また、時を同じくして「東京大改革」を掲げた小池百合子氏が新しい都知事として登場した。小池氏は特区の積極活用を目指しており、今後が大いに期待できる。

欠かせない官業の民間開放

アベノミクスの第三の矢は、規制緩和などによって民間企業や個人が真の実力を発揮できる社会を目指すという、「民間投資を喚起する成長戦略」だ。この方向は誠に正しい。日本の経済復活は、規制緩和を進め、企業部門にできる限り多くの自由を与え、創意工夫にあふれた企業活動をいかに活発化させるかにかかっていると思う。

この点をいまだに誤解している人が多いが、これだけ経済が成熟すると、国が高成長を見込める特定の産業を選び、育成することは不可能といっていい。

典型的な例は、国内ＩＣチップ産業を守ろうとしてエルピーダメモリを救済したことだ。結果的にこれらは失敗し、二百八十億円もの国民負担をもたらした。産業や企業に焦点を絞ったターゲッティングは、政府がチャンピオン・インダストリーを見抜けないなかで、失敗するケースがほとんどである。

実は戦後の高度経済成長も、当時の通産省（現経済産業省）が進めた産業政策の効果はあまりなかったといわれている。よく知られているように、通産省は国内の自動車産業を保護育成するため、本田技研工業の四輪自動車への新規参入に反対した。創業者の本田宗一郎がそれに逆らって進出したことが、現在の「世界のホンダ」をつくり上げたのである。

次のような笑えない事実がある。私は四年半、経済財政政策を担当したが、その間、「成長戦略」なるものは一度もつくっていない。私がその担当を離れてから「成長戦略」なるものが何度もつくられた。しかし、こうした「成長戦略」なるものをつくるようになってから、日本の成長率は低下したのだ。このことは成長戦略に「打ち出の小槌はない」ことを示唆している。

成長戦略を真に進めるには、まず幅広い分野で規制緩和を進めて、さまざまな形で民間活力を引き出すしかないのだ。まさに成長戦略において「規制改革は一丁目一番地」なのである。

そのために、私は欠かせない要素があると思う。それは官業（政府が抱えている仕事）の民間開放だ。

ここでオリックス創業者（現シニア・チェアマン）の宮内義彦さんから聞いたエピソードを一つ紹介したい。オリックス不動産が大阪市を主体とした第三セクターから「京セラドーム大阪（大阪ドーム）」を買い取った際の話である。

スタジアムの運営は、嵐やＡＫＢ48のような集客力のあるアーティストのライブを年間何回開催できるかで、利益が出るかどうか決まるそうである。しかし、ライブを開けば、必ずそれに集まった若者が騒ぐため、近所から苦情が入る。そのため、大阪市では年間何回という具合に、ライブの開催数を制約せざるをえなかった。

その制約を解くため、オリックスの採った解決策は至極単純であった。社員に菓子折りをもたせて、「本当に申し訳ございません。ライブは約二時間で終わりますので」というふうに、周辺住民にあいさつ回りをさせたのである。この結果、苦情が減ってライブ回数を増やすことができたため、京セラドーム大阪は購入初年度から黒字になったという。

民間企業には官にはない経営センスやアイデアがある。官業を民間に開放すれば、国民にさまざまなメリットがもたらされると思う。

成長戦略の柱はコンセッション

特区と並ぶ成長戦略の柱と私が考えているのが、国や地方自治体がほぼ独占しているインフラの運営権の民間売却（コンセッション）である。

コンセッションを直訳すれば「譲歩」「妥協」といった意味になる。要はインフラを「上下分離」することだ。インフラの下部（所有）は引き続き国などの公的部門が担い、上部（運営）については民間企業に開放する。空港や道路などといったインフラはキャッシュフロー（料金収入）があるので、運営権を民間に売却することが可能だ。

たとえば、イギリスのロンドン・ヒースロー空港は民間のヒースロー・エアポート・ホールディングスが管制塔や滑走路を含め、運営している。ほかにも、ヨーロッパの主要な空港は民間によって運営されている。オーストラリアでは、コンセッション方式によって、主要空港のほとんどすべてが民間運営となっている。

空港だけではない。アメリカのシカゴではスカイウェイなど、有料道路の運営権を売却して成功している。海外では空港、道路、港湾のほか、上水道、下水道なども対象になっている。お隣の韓国でもこうした手法を幅広く取り入れている。

関西国際空港などの経営とコンセッションに携わった元国土交通省官僚の轟木一博氏（現経営共創基盤マネージャー）が、『空港は誰が動かしているのか』（日本経済新聞出版社）のなかで面白いことを書いている。

「国には、個々の空港の路線誘致や利用促進などの営業活動をする機能はない。料金設定なども全国一律で、ほとんど重点付けなどは行っていない。ターミナルビル会社の一部は、地方色を打ち出す店舗構成やイベントなどの工夫で営業努力をしているが、多くは土地の賃料を払って、テナントから賃料を受け取るだけである」

考えてみれば、至極当たり前の話である。公務員のなかで、営業や宣伝に長《た》けた人など滅多にいないだろう。私はこうしたインフラを民間が運営すれば、収益の改善やサービスの向上など、さまざまなメリットが生じてくると思う。

オーストラリアの観光地にあるゴールドコースト空港の場合、もともとは倉庫のような待合ロビーだった。それが民間運営後は空港ターミナルをすぐに改修、搭乗口の近くまでショップやレストランなどを配置した。加えて、通常は航空会社が責任を負っているセキュリティチェックを空港の管理会社が責任を持って行うようにし、搭乗券を持たない人でも出発ロビーに入れるようにした。

このため、搭乗客であれ、見送り出迎えの人であれ、近所の人であれ、空港を訪れる人がすべて客になった。ブランドショップでショッピングをしたり、レストランで食事を楽しんだりする人で、空港内はいつも活況を呈している。

さらに、空港ビルのすぐ横の敷地には大学を誘致し、高名な先生がシドニーやメルボルンから日帰りで通えるようにした。大学がにぎわうことで、周辺の町もにぎわっている。

単に収益面での貢献だけでなく、コンセッションが町起こしにも役立っているわけだ。

世界の例を見ていると、道路にしても空港にしても、民間に運営を任せた場合、利益が二倍から三倍に改善されているケースがある。コスト削減はもちろんのこと、サービスがよくなることでお客さんがたくさん訪れるようになるからだ。

海外ではすでに、こうしたコンセッションを請け負う専門企業も現れた。

たとえば、デンマークにA・P・モラー・マースクという海運コングロマリットがあるが、この子会社のAPMターミナルズは世界六十八ヵ国で港湾ターミナルを運営している。また、フランスにはヴェオリア・ウォーターという会社があり、世界数十ヵ国で上下水道の運営をしている。コンセッションがまさに巨大企業を生んだのである。

空港のコンセッションが始動

日本でもコンセッションの動きは始まっている。

空港では二〇一六年四月、オリックスとフランスの空港運営大手ヴァンシ・エアポートの企業連合が関西国際空港と伊丹空港の運営を始めた。両空港を所有する新関西国際空港会社との契約は四十四年間、運営権料は年間四百九十億円で、総額にすると二兆二千億円超という巨額なものになった。

七月には東急グループや前田建設工業などが出資する運営会社、仙台国際空港が仙台空港の運営にあたることになった。こちらは、国が管理する運営権を売却するコンセッションの第一号となる。同空港は二〇一六年末まで、大阪、札幌、福岡、名古屋の四都市を重点地域としてＰＲ活動を推進。大阪では、なんばグランド花月で上演されている「吉本新喜劇」で、宮城県を舞台にした演目を九月に数日間公演し、話題を集めたようである。

実は空港のコンセッションを実現するためには、法改正が必要だった。

民間が空港を運営する場合、管制塔の仕事も民間が担う。しかし、これまでは国家公務員が担ってきた仕事なので、民間の航空管制官はいない。つまり、本来は公務員に民間へ出向してもらわなくてはならない。

ところが、国家公務員が特定企業に出向することは、国家公務員法によって認められていない。この前提がある以上、民間企業が空港を運営することは、実際のところ不可能である。そこで、国家公務員法に特例をつくり、民間に出向する道を開いたのだ。この画期的な法改正こそが空港のコンセッションを可能にした重要ポイントだった。

ほかにも、有料道路では愛知県道路公社が管理する有料道路の運営権の売却を決めた。今後、前田建設工業を中核とする企業グループが、中部国際空港連絡道路や知多半島道路など八路線の料金徴収や維持管理などを行う。

コンセッションで観光インフラを

コンセッションで私が特に期待しているのは福岡市だ。福岡博多港は日本におけるクルーズ船の一大寄港地であるが、現在、大型客船用の岸壁（客船バース）がない。四千人クラスのツアーが来た場合、税関（C）・入国管理（I）・検疫（Q）の手続きにも、非常に手間取っている状態だ。さらに、客を百五十台近いバスで運ぶため、クルーズ一行が港から市内に着くまで何時間も要する羽目になる。今のままではもう一度日本に来ようなどと思うはずがない。

福岡市は現在、国家戦略特区を使ってウォーターフロント地区を中心に、国際会議や展示会などMICEに対応した都市開発を進めようとしている。これに合わせ、大量のクルーズ客を受け入れできるクルーズシップターミナル施設を整備する計画がある。同時にコンセッションで、もしもCIQなどの運営を地方や民間に委託すれば、こうした事態は解消されていくに違いない。

スイッチングという点からすれば、高齢化社会に向けて日本は観光・ツーリズムにもっと力を入れるべきだ。私は小泉内閣のとき、経済諮問会議で「ツーリズムは世界最大の産業。日本の主力産業に育てる」と主張し、それに応えて福田康夫内閣官房長官が総理官邸内に小さな勉強会を設けてくれた。それが「ビジット・ジャパン」の原点になっただけに、非常に思い入れがある。

当時、日本で観光・ツーリズムに従事していた人は、全産業の六〜七%に過ぎなかったのに対し、欧米では十二%くらいが一般的だった。「リタイアしたら何をしたいか」というアンケートに対し、多くの人は「観光」と答える。「インバウンド」という言葉が日本でも定着したが、世界中で高齢化社会が進むなか、観光産業の伸び代はまだ十分にある。ただし、そのためには観光に関連したインフラ整備をもっと進めていく必要がある。

コンセッションはその点からも意義がある。空港であれば発着料、高速道路であれば利用料のように、キャッシュフローを生むインフラであれば、コンセッションはできる。体育施設や劇場でも同様に、コンセッションの対象になる。日本でキャッシュフローを生むインフラは、いくつかの指標から簿価でいえば七十兆円程度あると見られている。アベノミクスの新しい成長戦略では、まずそのうちの七兆円程度をコンセッションの対象にする予定となっている。

また、かねてより日本ではインフラ輸出について議論されている。その際の話題の多くはハード部分の輸出であるが、海外の主要なゼネコンを見ると、収入の三〜四割はサービス関連（インフラの運営）になっている。コンセッションは、日本の建設業界にとって新たな売り上げの柱になる可能性がある。そのためにも、日本の建設各社がコンセッションの実績を国内で積むことが肝心だ。

オーストラリアでは以下のような①→⑤の流れを「資本のサイクル」と呼んで徹底して進めた。

①国や地方自治体が民間企業にインフラの運営権を売却する。
②国や自治体がインフラを運営する民間企業から定期的な収入を得る。
③国や自治体はそのお金を使って新しいインフラをつくる。
④国民の生活が豊かに便利になる。
⑤新しいインフラが新たなコンセッションの場となる。

オーストラリア同様、日本もコンセッションを進めていけば、経済成長と国民生活の充実を無理なく両立させることが可能になる。

国や自治体は巨大資産を売却せよ

私はコンセッションに限らず、日本は国や地方自治体が持っている資産の活用を、もっと積極的に考える必要があると主張している。

イギリスの国際金融市場、ロンドンのシティはなぜ活況を呈しているのだろうか。一つの理由は、国が保有する公的企業の株式を売却して、民営化を進めたからだ。

たとえば、ブリティッシュ・テレコム（現BTグループ／電気通信事業）、ブリティッシュ・エアウェイズ（航空事業）、ブリティッシュ・ペトロリアム（現BP／石油事業）などだ。こうした巨大企業がマーケットに出ると、資産市場が一気に活性化する。

日本市場を見ても、時価総額が高い銘柄は、トヨタ自動車を別格にすると、NTTやJT（日本たばこ産業）、日本郵政、JR東海などが上位にランキングされる。もとは「三公社五現業」と呼ばれた公共企業体および国が経営していた企業である。

ソフトバンクも国鉄（日本国有鉄道）が株式を保有していた日本テレコムを買収することで、時価総額を大きく伸ばした。だから、ソフトバンクのなかには旧国鉄の資産が入っていることになる。国や地方自治体が持っている資産は巨大なので、それをマーケットに出せば経済に与えるインパクトはきわめて大きい。同時に、国や自治体にとっては何兆円、何十兆円という規模で、財政再建に貢献する可能性もある。

東京都知事を辞任した舛添要一氏が都知事選挙時に公約した通り、イギリスのシティに匹敵するような国際金融センターを本気でつくろうとするなら、都が持つ莫大な資産を売ればよかった。しかし残念ながら前知事はそのような改革を進めなかった。

たとえば、東京都は東京メトロ（東京地下鉄）の株式全体の約四十七％を保有する。さらには新宿西口の淀橋浄水場あたりの土地はすべて東京都のものである。ほかにも、ＪＲ有楽町駅前にある東京交通会館も都が約半分所有している。だから、周辺の建物が次々と新しくなっているのに古臭いままなのである。都内在住者ならわかってもらえるだろうが、いずれも「超」がつく一等地である。

東京都はこうした土地を売却して、三菱地所や三井不動産、森ビルなどといった民間企業に再開発をさせればいい。コンセッションで運営を任せる手もある。これらが新しい民間投資を生む。イギリスなどもそれで経済を活性化させてきたのだ。

新たに就任した小池百合子東京都知事は都知事選の公約として、東京の国際金融センター化や待機児童の解消などを掲げてきた。こうした政策を実現するための手段として、東京都が保有する資産の有効活用をぜひ検討してほしいと考えている。

第六章　成長戦略②東大民営化は教育改革の目玉になる

凋落の一途をたどる日本の大学

日本の教育関係者にさぞかし衝撃が走っただろう。

イギリス教育誌「タイムズ・ハイヤー・エデュケーション」が毎年発表している大学のランキングがある。二〇一六年六月、同誌が中東を含むアジアの大学ランキングの二〇一六年度版を発表した。結果、これまで三年連続で首位をキープしていた東京大学が順位を大きく下げて七位に転落。しかも、上位百位内に入った日本の大学は昨年から五校減らし十四校となり、二十二校をランクインさせた中国を下回ることになった。

ランキングは論文の影響力や国際化の度合いなど十三の指標で調査。今回の調査のトップスリーはシンガポール国立大学（シンガポール）、南洋工科大学（シンガポール）、北京大学（中国）だった。同誌は「国際化の消極性や資金面の制約」を指摘し、日本の大学の相対的な地位の低下を警告している。

このニュースを新聞などのメディアは驚きを持って報道していた。

私も大学関係者の一人であるが、驚いたというよりも、来るべきものが来たと感じた。私はかなり前から日本の大学の凋落について警告してきたからだ。

かつて中国の大学に行くと、「世界一流を目指す」と書かれた赤い垂れ幕があちこちに吊るされていた。ライバルは国内ではなく、あくまで世界と位置付けているのだ。このような状況では、いつランキングで中国に抜かれてもおかしくはないと思っていた。

シンガポールは必ず順位を上げてくると思っていた。二〇〇〇年頃の話になるが、国立台湾大学に行ったとき、「ライバルの大学はどこか」と尋ねると、すべての教員が「シンガポール国立大学です」と話していた。

教育改革を進めてきた韓国もまた同様に、大学の国際化を急ピッチで進めている。日本のように、「京大のライバルは東大」「慶應のライバルは早稲田」というレベルではない。アジアの大学は、ライバルは世界にいると考えている。視点がまったく異なるのである。

日本のある総合商社の会長から聞いた話だ。この商社は世界中から人を採用しているのだが、会長に「どこの国で採用した人が優秀か」と尋ねたところ、「韓国のソウルが圧倒的だ」という答えが返ってきた。日本の学生は、東京大学を出ていても人材的に見劣りするという。

私にも韓国人ビジネスマンの知り合いは多いが、みな非常に優秀かつグローバルなマインドを持った人ばかりだ。

教育は経済の基盤

小泉内閣の初期に、「米百俵」の話が話題を呼んだことをご記憶だろうか。これは小泉元総理が最初の所信表明演説で引用したものだ。

　明治初期、戊辰《ぼしん》戦争によって長岡藩は城下が焼け野原となった。このとき支藩の三根山藩から、見舞いとして米百俵が贈られた。しかし、当時の長岡藩大参事であった小林虎三郎は「国づくりは人づくりから。国が食えないからこそ教育で人材育成する」と主張。贈られた米を藩士に配分せずに売却し、その代金で国漢学校を建設したのである。

　気がつけば、世界の各国では教育による経済発展を目指す試みが定着している。まさに、新たな「米百俵」である。その代表はアメリカだ。

　二〇〇三年十月、民間組織である米国競争力評議会がＩＢＭのＣＥＯを務めたサミュエル・パルミサーノ氏を議長とする「国家イノベーション・イニシアティブ」（ＮＩＩ）を立ち上げた。産官学のリーダー約四百人が議論に参加。一年後に「パルミサーノ・レポート」と称される報告書を公表した。投資、インフラとともに人材育成について提言がなされ、奨学金制度、留学制度、基礎教育、公的訓練制度など幅広いテーマが取り上げられている。

　その後、オバマ大統領もユニークな教育に取り組んだ。景気対策パッケージから四十三億ドルを教育改革用に確保し、さらにその資金を全米に広く浅く配るのではなく、州対抗レースを勝ち抜いた州だけが必要額を受け取れるという「トップへの競争」プログラムを立ち上げたのだ。

「米百俵」のエピソードに象徴されるように、日本はもともと教育に熱心な国だった。

江戸時代、庶民の子どもは寺子屋で読み書き算盤《そろばん》を習い、武士の子弟は藩校で四書五経や習字を学んでいたため、当時、世界で最も識字率が高かったといわれる。

作家の堺屋太一氏が経済企画庁長官であったころの「経済白書」のなかに、面白い分析があった。それは、明治維新以降、どの国も経済を豊かにしたいと考えるなか、世界も驚くような経済発展を日本が遂げることができたのはどのような要因に基づくのか、という分析である。

結論として、とりわけ重要な二つの教訓が導かれている。一つはその時々の経済環境によって、社会の仕組みを柔軟に変えてきたことだ。いうなればスイッチングである。

もう一つは人材の育成である。あらゆる資源のなかで、やはり人というのは最も重要な資源である。教育をきちんと行い、社会を担う人材を育ててきたことが大きいと分析しているのだ。

いうまでもなく教育は、経済競争力の観点のみならず、人格形成といった高い次元で考えなくてはならない。しかし、アメリカの例を見ても、バブル崩壊以降、経済が長期低迷を続けるなか、日本では教育を経済基盤という視点で論じることが軽視されてきた。

英語力で日本の趨勢は決まる

「グローバル化」と聞くと、日本では毛嫌いする人が多い。「グローバリゼーションはアメリカの陰謀だ。日本には日本の道がある」などという声をいまだによく聞く。

二〇〇八年のダボス会議で、アメリカのコンドリーザ・ライス国務長官はこう断言した。「グローバリゼーションは選択の問題ではなく、事実なのだ」

ライス国務長官が述べたように、グローバル化は厳然たる事実であって、選ぶ、選ばないという問題ではない。事実とは第三章でも触れたように、市場経済が三十億人弱から七十億人の規模に拡大し、競争とチャンスが生まれたことである。

グローバル化の入り口で何が一番重要になるかといえば英語である。

なぜ英語が重要になるのか。

「エコノミスト」誌が世界の長期予測をまとめた『2050年の世界　英「エコノミスト」誌は予測する』（翻訳・東江一紀、峯村利哉／文藝春秋）という本がある。このなかで非常に面白い分析をしている。

第一にグローバル化はどのような反対があっても徹底して進んでいくこと。第二に英語が国際語の王として君臨し続けることである。

実は英語を母国語にしている国はアメリカ、イギリス、オーストラリアくらいなので、人口に換算すると三億九千万人くらいしかいない。これに対し、中国語は人口だけでも十三億七千万人くらいいる。

では、中国語が王座に就くかといえば、そうではない。英語は第二公用語的に使っている人口がおおよそ十七億から十八億人くらいいる。第二公用語にしている人口が多いところに意味があるのである。

もちろん、会議などでアメリカ人と英語でやり合おうとするのは、ひどくしんどい。逆にドイツ人やフランス人と英語で会話するのは、双方とも外国語だから意外に楽である。国際語としての英語が非常に重宝されるのである。

英語が得意という日本人は少ない。しかし、韓国はアジア通貨危機で国の財政が瀕死の状態になったとき、グローバル化に真摯に向き合った。英語だけで授業を行う高校を数多くつくるなど、教育改革を徹底して行った。

民間の教育熱もものすごい。少しお金のある人は子どもを小学生のときからアメリカに留学させるケースも多いという。子どもをグローバルな競争のなかで生きられる人間に育てるためである。

日本も腰を据えて英語に取り組むしかない。

かつて楽天の三木谷浩史会長兼社長が産業競争力会議で、「国家公務員試験の科目にTOEFL®を入れる」という提案をされたが、よいアイデアだと思う。これが実現すれば、各企業もこれにならって採用試験に導入しようとするだろうし、大学入試もTOEFL®になる。さらには高校と予備校でもTOEFL®の授業が始まる、という具合に広がっていけば、日本人の英語力は確実に底上げされるだろう。

教育界と産業界が協力して、英語をマスターすることにインセンティブが働く具体的なシステムを考えていかなくてはならない。

もちろん、英語力があればそれでよい、というものではない。しかしそれでも英語力は必須の条件だ。英語力のある人材をどれだけ輩出できるかによって、日本と日本人の趨勢は決まる。輩出できなければ、日本経済も日本企業も、さらには日本人もグローバル化の波に飲み込まれ、フラット化する世界の中に埋没してしまうだろう。

偏差値教育からの脱皮が必要

かつて、知り合いの日系アメリカ人の娘さんがハーバード大学医学大学院を目指していた。試験に合格するのは「本当に難しい」といっていた。世界最高峰の医学部なので、ずば抜けて勉強ができなければならないことはいうまでもない。しかし、学力が高いだけでは入学できないのだ。

医学部に入りたいという意欲を証明するために、彼女は夏に病院でボランティアをした。ハーバード大学はリーダー養成機関でもあるので、リーダーにふさわしいことを証明するために、科学部の部長に立候補した。さらにアートに対する素養も求められるそうで、ピアノやバイオリンなども習った。それらすべての関門をクリアできないと、ハーバード大学の医学部には合格できないという。「日本の大学入試は簡単でいいですね。偏差値さえ高ければいいんでしょう」と彼女は語ったそうである。

たしかに日本で最も難関とされる東大でも偏差値だけ高ければ、意欲がなくても、創造性がなくても、リーダーとしての素養がなくても合格することができる。日本の大学入試は暗記力を問うものなので、東大入試であろうと、暗記する能力の高い高校生にとっては簡単だ。

日本では十数年ほど前にゆとり教育を導入した。記憶力だけを試すテストの偏差値で成績順に序列をつける教育から脱却しようとするもので、考え方は間違っていなかったと思う。ただし、その趣旨が徹底していなかった。結局、暗記力主体、偏差値重視の教育は変わっていない。

マサチューセッツ工科大学のメディアラボには「The Principles」と題された九つのキャッチフレーズが掲げられている。そのなかで私がよく引用する標語がいくつかある。

一つは「コンパス・オーバー・マップス」である。

日本語に訳すと「地図よりもコンパスが重要な時代になる」である。これだけ世のなかの動きが激しいと、地図はすぐ古くなって役立たなくなる。しかし、どれほど世界が変わっても、コンパス（羅針盤）があれば自分の進むべき道がわかる。

これまで私たちは人生の地図を持っていた。東大とか早慶とか偏差値の高い大学に入り、一部上場企業に入社すれば、「人生は安泰である」と。今はこうした地図はない。たとえ世に知られた大企業に入社できたとしても、中国や台湾の会社に買収され、リストラされるかもしれない。

そこで、大切になるのは「財務のプロになる」といった専門性や、「こういう仕事をして社会に貢献する」といった確固たる信念などである。こうしたものを身につけておけば、どこに行っても生きていくことができる。それがコンパスである。

もう一つは「ラーニング・オーバー・スタディ」である。

こちらは「お勉強するよりも学ぶことが重要だ」という意味になる。明治維新以降、日本は西欧諸国に追いつくため、西洋の知識を詰め込んできた。これがスタディ、つまりお勉強だ。

ただし、こうして得られた知識のなかには「富士山は休火山」とか、「一一九二年、鎌倉幕府成立」とか、今となっては間違っているものも少なくない。今では、こうした知識はパソコンがあれば、インターネットでいくらでも最新のものが入手できる。

今後、教育で必要とされるのは、さまざまな知識を暗記することではない。得られた情報やデータを組み合わせて、どんな構想を持てるかという能力である。解のない問題に対し、データを集め、論理的に考えて、自分なりの推論を立てて行動をする。これがラーニング、つまり学びだ。

最近、経済学者のローレンス・サマーズ氏らが協力する、アメリカのミネルバ大学というユニークなシステムの学校が注目を集めている。

経済学や法律学など一般的な科目はインターネットによる授業で学び、それ以外は世界のキャンパスを巡って勉強するのである。ソウルの大学の寮にいるときはサムスングループのビジネスマンと議論を戦わせたり、パリの大学のキャンパスにいるときは、そこで欧州統合に対するイギリスのEU離脱についてどう思うかなど、みんなで議論したりする。まさにアクティブ・ラーニングなのである。

日本も偏差値教育ばかりしていないで、これからはアクティブ・ラーニングを進めていかないとならない。そうでないと世界で勝ち抜く人材を育てることはできない。もっとも、アクティブ・ラーニングの指導が、今の教員にできるのかという根本問題が立ちはだかる。

東大を文科省の制約から解放せよ

経済成長に欠かせないイノベーションを起こすには、その担い手が必要である。海外では大学の研究室と企業が共同で開発を行い、事業を起こすケースがよくある。イノベーターの育成に大学の果たす役割は大きい。

ところが、最初に書いたように日本で最も優秀な学生が集まる東大でさえ、世界はおろかアジアでもトップランクから滑り落ちようとしている。競争力をつけることが喫緊の課題である。

私は郵政民営化のあと、今の日本に必要なのは東京大学の民営化だといってきた。周りからは驚かれたが、教育改革および大学改革の象徴として、東大は民営化すべきだと思う。

「タイムズ・ハイヤー・エデュケーション」の世界ランキングを見ても、国際的に有名なハーバード（アメリカ）、スタンフォード（アメリカ）、オックスフォード（イギリス）、ケンブリッジ（イギリス）をはじめ、先進工業国のトップ二十の大学はほとんどすべて私立である。

「大学も国際競争力をつけなければならない」とよくいわれるが、競争力をつけるための方法は競争をするしかない。それは企業でも学校でも同じことである。当たり前の話だが、競争をするから競争力がつくのである。それには東大を文部科学省の制約から解き放ってやればいい。

私がハーバード大学で客員准教授を務めていたとき、学長だったヘンリー・ロソフスキー氏とよく話をした。彼は知日家で、日本の教育界のこともよく知っている。その彼からあるとき、こんなことをいわれた。

「ヘイゾウ、日本人は東大を『偉い』と思っているんだろう。でも、ハーバード大学から見れば、東京大学は、トーキョーにある大学以上の意味はないんだよ」

東大の経営形態は、国立から国立大学法人に変わったが、相変わらず運営交付金という名の補助金が国から出ており、実態は国立大学のときと変わらない。文部科学省が「東大はいくら」「京大はいくら」という具合に金額を決めて、補助金を出している。

このようなやり方はやめて、東大だろうと、京大だろうと競争させるべきなのである。

運営交付金ではなく、競争的研究資金にして、よいプロジェクトにはたくさんの研究費を出し、成果の上がらないものについては削っていく。結果的に東大の研究費だけが突出して増えることになるかもしれないが、それはそれで構わないのである。競争した結果、より多くの研究費を勝ち取るところが出て、競争力のない大学は研究費を得られないというのが、自然なルールだと思う。

代わりに、大学には運営資金を集める術を与えればいい。アメリカ並みに寄付に対する税金の優遇措置を拡充すれば、企業や投資家、あるいは卒業生などから幅広く資金が集まるようになる。それが大学へのマーケットからの評価にもなる。

結果的に、たとえば、「フランス文学の専門家が日本に一人もいなくなる」といった問題が生じた場合、最低限必要な研究に対して、運営交付金のような補助金を出せばいい。

私が競争力の強化のため、東大の民営化を主張すると、不思議なくらい多くの人が反対を叫ぶ。郵政民営化には賛成してくれた大学関係の友人たちも、この件では研究費が削られることを心配するせいなのか、それとは話が別なのである。

大学側の姿勢が変われば、学生の姿勢も変わってくる。

今、日本には大学院生を含め、約二百八十六万人の大学生がいる（二〇一四年、総務省統計局調査)。このうち、真剣に勉強している人はいったい何人いるだろうか。海外の一流大学は「教えるほうも教えられるほうも真剣勝負」という意識が徹底している。

ハーバード大学では、学生たちが授業中に辞書を引けばすぐにわかるような初歩的な質問をバンバンしている。日本人の私からすると、「ノーベル賞クラスの綺羅星のごとき先生方にそんな質問するなよ」と思ったが、教授のほうも必死で学生の質問に答えるのである。まさに「教授と学生の真剣勝負」であり、海外と日本の違いを痛切に感じた。

第二次世界大戦時に軍部が研究に介入してきた反省から、日本の大学は「自治」を重視している。しかし、それから何十年もたって環境が変わっているのに、自治を頑《かたく》なに守っているのは時代錯誤だ。現在のグローバル化した時代に必要なのは、自治ではなくマネジメント(経営)である。国際社会のなかで戦略を描き、それを考えて実行することが求められている。

東大の民営化は、そのための一里塚になる。

「若者には貧しくなる自由がある」

ここまで教育改革について提言してきたが、最後に学生、あるいはその親の世代の人たちにもいっておきたいことがある。

私が以前、あるテレビ番組に出演したときのことである。司会者は二〇一六年七月の東京都知事選に立候補したジャーナリストの鳥越俊太郎氏で、出演者には作家の堺屋太一氏もいらしたと思う。

私たちは若い世代の人たちに「もっと積極的にいろいろなことにチャレンジしてほしい。もっとリスクをとってほしい」と話をした。続けて、「もっと海外に目を向けなくてはいけない。そうしないと日本は生きられない」と語りかけた。

すると、若い視聴者から番組に「放っておいてくれ」というコメントが数多く寄せられたという。それを聞いた私は厳しいかと思ったが、こう返した。

「それなら、楽に生きなさい。その代わり貧しくなりますよ。貧しくなる自由が君にはある。若い人たちにはがんばって豊かになる自由もあるが、何にも興味を持たず、普通に生きて貧しくなる自由もある」と。

このコメントにも、あとから大変な苦情が入ったようである。

海外出張でニューヨークに行ってタクシーに乗ると、ドライバーはベトナムやフィリピン、東ヨーロッパなど、世界のさまざまな国や地域から来ていることがわかる。

彼らと話しているとき、必ず出てくる言葉がある。それが「ライフ・イズ・ノット・イージー」である。実際、彼らはアメリカでつつましい生活を送りながら、子どもたちには少しでもいい教育を受けさせようと日々働いている。子どものなかにはアイビーリーグなど、名門大学に通う学生もいるようだ。

日本人は恵まれた環境のなかで過ごしているため、世界のなかにある本当の厳しさが、なかなか伝わってこない。しかし、今や日本人と同じような仕事を、日本人の十分の一の給料でする国がたくさん出てきている。フラット化した世界のなかで、日本人がこれまでと同じく普通に働いていたら、日本は貧しくなるしかない。

とはいえ、人生は必ずしも経済的に豊かにならなければいけないわけではない。家族とつつましく生活していくほうがハッピーと感じるかもしれない。それは自分の選択である。ただし、努力しない生き方を選んだのであれば、金持ちになった人をうらやましがったり、金持ちの足を引っ張ったりしてはいけない。

金持ちになった人は、自分の選択で、努力をしてリスクをとって、金持ちになる道を選んだのであり、つつましやかな生活をしている人は、大きなチャレンジをしない生き方を選んだのである。双方が他人の選択に口出しできる立場にない。

「若者には貧しくなる自由がある」――。私がテレビ番組で本当にいいたかったことは、以上のようなことである。若い世代の人たちは、主体的に考えて、ぜひベストな選択をしてもらいたいと考えている。

第七章　成長戦略③ゲストワーカーで労働人口減に対処する

働く人のパワーをもっと生かす

アベノミクスではこれから実質二%、名目三%程度を上回る経済成長を達成し、二〇二〇年頃に名目GDP六百兆円経済を実現することを目標としている。ところが、目下の経済成長は、残念ながら足踏みを続けている。

二〇一六年七月十三日、政府は一月に見込んでいた二〇一六年度の経済成長率を、実質で一・七%から〇・九%、名目で三・一%から二・二%にそれぞれ引き下げた。消費税率十%への引き上げ延期による消費の駆け込み需要が見込めなくなったことや、イギリスのEU離脱決定などで、世界経済の先行き不透明感が強まっていることも考慮したようだ。

アベノミクスがターゲットに置いた二〇二〇年頃までは残り四年程度。頑張れば目標達成は可能だが、このままの低成長が続くようだと、名目GDP六百兆円の達成はかなり厳しくなってくる。

中長期的に経済成長力を高めるためには、①労働人口と労働時間を掛け合わせた「労働」、②生産に必要な工場や機械設備などの「資本」、③イノベーションや技術の進歩などを表した「生産性（TFP）」という三つの要素を伸ばしていくことが重要になる。

経済学者ローレンス・サマーズ氏がいう通り、経済先進国の成長率はたしかに押し並べて低くなっている。しかし、それでも日本の経済成長率の数字は、各国に比べて極端に低い。実質経済成長率が一％を割り込む国はほとんどない。

その大きな理由として、私は「生産性」という質的な面、「労働」という量的な面、その両面において、今の日本では働く人たちのパワーを十分に生かし切れていないからだと考えている。私が成長戦略として最も重視しているのが、働き方の改革、つまり労働市場改革である。

経済を成長させるためには、生産性を上げて一人当たりのＧＤＰを上げること、そして労働者人口を増やしていくこと、この二つが欠かせない。現在の硬直化した労働や雇用のシステムを柔軟化して、労働者がもっと生き生きと働ける環境をつくったり、女性や高齢者など幅広い層の人が働けるように工夫したりすることが、本当に重要になってくる。

これも今すぐスイッチを入れて、解決に動かないと手遅れになる。なぜなら二〇〇八年頃から始まった日本の人口減少傾向が、二〇三〇年頃になると急速に進むからだ。このあたりから人口は毎年八十万人から百万人近いペースで減っていくことが予想される。

私は和歌山県生まれだが、百万人というのは現在の和歌山県の人口に相当する。つまり、約十五年後からは、毎年和歌山県が一つずつ消失していく計算になる。二〇五〇年時点には、今より約三二〇〇万人が減少することになり、カナダほぼ一国分が消えることになる。

本格的な人口減少時代に向けて、早急に雇用制度などを見直し、働く環境を整えることが肝心なのである。

自由に雇えて、自由に働ける

私は柔軟な働き方と柔軟な雇い方を認めることが、人間という資源を最大限に生かす方法だと考えてきた。しかし、今の日本の労働市場は「自由に雇えて、自由に働ける」という流動性に著しく欠けている。こうしたなか安倍総理は、二〇一六年八月三日の内閣改造にあたって、「多様な働き方を可能にする労働市場改革」を目指すと述べ、そのための担当大臣を置くと発表した。

まず現在、問題なのは、解雇のルールが明確でないことだ。

民法で解雇の自由が謳われているものの、現実には一九七九年の東京高裁の判例（東洋酸素事件）による法理に基づいた不明瞭なルールが適用されている。この判例で示された、以下の整理解雇の四要件をすべて満たさないと、会社側は正社員を解雇することができないのである。

①人員整理の必要性……会社の経営が危機的状況にあって、その維持・存続のために人員整理が必要であること。

②解雇回避努力の履行……役員報酬のカット、新規採用の中止や希望退職の募集などの努力をし

たこと。
③被解雇者選定の合理性……人員整理基準と人選の基準が合理的・公平なものであること。
④手続きの妥当性……労働組合や労働者に十分な説明をし、交渉をすること。

この四要件を満たすことは会社側にとって非常に厳しい。このため、実質的には、会社の経営がいくら苦しくなっても、潰れるまで正社員を解雇できないという状態になっている。

これは一見すると、労働者に有利に思える。しかし、会社側は「雇った社員を絶対にクビにできない」といわれているのに等しいため、できるだけ正社員を雇わないようにする。それは労働者にとって、働き口を減らす結果になる。

さらに、訴訟リスクを恐れる大企業はほとんど解雇ができないのに対し、そもそも組合もなく、訴訟を恐れない企業は安易な解雇を行うことになる。最近ではメディアでよく報道されるように、社員を無理やり辞めさせようと、非人道的な手段を採るケースもある。

こうした状況を改善するためには、解雇ルールを明確化するしかない。民法の解雇自由の原則を労働契約法にも明記する一方、「どういう場合に解雇を禁止するのか」「解雇する際には労働者にどういった配慮をすべきなのか」というルールを明確にしたほうが、安易な解雇が規制されて、労働者は守られる。

もう一つは、金銭解雇のルールづくりだ。現在も労使の協議で合意できなければ、最終的な解決はお金の問題になることがほとんどだ。しかし日本には、そのルールがない。OECD各国のなかで金銭解雇のルールを持っていないのは、韓国と日本だけである。

安倍内閣では「国家戦略特区」を活用して、柔軟な雇用契約を結べる仕組みをつくった。また「ホワイトカラー・エグゼンプション(脱時間給制度)」など時間ではなく、成果を重視する賃金の制度や解雇ルールの明確化などを議論してきた。

すると、一部のメディアが「解雇の自由化」「解雇特区」などと報じて、テレビのワイドショー番組などがそれを取り上げたことで、この問題について、国民にすっかり誤解されてしまった。結局、実現の目処は立っていない。「解雇の自由化」と「解雇ルールの明確化」とは、本来まったく別の話である。メディアに真意をねじ曲げられた一例といえるだろう。

テレビ番組に出演すると、経済評論家やエコノミストのなかにも、いまだに「終身雇用・年功序列・企業別組合は日本的雇用の三種の神器。そう簡単には崩せない」などという間違った意見をいう人がいることに驚くときがある。

私は何度もいっているのだが、この「三種の神器」は決して日本の伝統ではない。それが証拠に大正時代から昭和初期にかけて、日本の会社では終身雇用どころか、社員の定着率の悪さが深刻な問題になっていた。

諸説はあるが、「終身雇用・年功序列」という雇用システムは、戦後から高度経済成長期にかけて普及したという説が一番有力である。

戦後間もない頃は社会の高等教育機関が発達していなかったため、会社が代わって若者に人材教育をし、高度な技術を身につけさせる必要があった。会社側は教育に投資した以上、その成果を回収する必要がある。そこで、会社に長くいればいるほど役職も給料も上がる仕組みをつくり、定着率を高めようとしたのである。

イヤイヤ働く日本のビジネスマン

私は民主党政権時代に導入および拡充された政策のなかに、労働市場を硬直化させた間違った政策が二つあると考えている。

一つが中小企業金融円滑化法、いわゆるモラトリアム法である。

これは中小企業が抱える借金の返済猶予に、金融機関はほぼ無条件で応じなければならないという法律で、本当なら破綻するはずの経営体質の企業まで延命させている。実際に「最も失われた五年（二〇〇八〜二〇一二年）」には、平均経済成長率がマイナスにもかかわらず、倒産件数は総じて低下傾向にあるという奇妙な現象が起きている。

もう一つが「雇用調整助成金」という補助金の拡充である。

業績が低迷している企業の経営者は、社員を解雇したり、本当に人員が必要な部門に異動させたりして、経営を立て直すのが当たり前である。こうして成長企業に労働力が移動するのが健全な経済の姿なのである。

ところが、雇用調整助成金は仕事がなくて休業させたいような人に対し、国がその賃金や手当の一部を負担する。本来なら人を雇うことができない会社に助成金を出すことで、無理やりに従業員を抱え込ませるのである。

利益の上がらない企業は経営改善をする、できなければ市場から退場してもらう。そして、結果的に余剰になった人には、利益の上げられる企業に移ってもらう。それが社会全体の新陳代謝を高め、社会の生産性を上げるのである。

本来、国が打つべき手は、余剰人員を積極的に移動させるための補助金（労働移動支援助成金）を拡充することであった。仕事がない社員には職業訓練等を受けさせて優良な企業に移ってもらったほうが、社会にとっても個人にとっても幸せなはずだ。しかし、行われたのは真逆の政策だった。

失業者を出さない政策は一見正しい。しかし、それは企業も産業も停滞させる。何より働く人を会社に縛り付け、彼らからモチベーションを奪うことにつながる。

経営コンサルタントのロッシェル・カップ氏が書いた『日本企業の社員は、なぜこんなにもモチベーションが低いのか?』(クロスメディア・パブリッシング/インプレス)のなかで、世界のさまざまな組織が実施したエンゲージメント(社員の会社に対する愛着心や思い入れなど)に関するグローバル調査を紹介している。

これによると、エーオンヒューイット(組織・人事コンサルティング)やタワーズワトソン(組織・人事コンサルティング)、ギャラップ(世論調査およびコンサルティング)など、いずれの調査を見ても、「日本企業の社員のエンゲージメントレベルは、他国と比較してかなり低い」と結論付けているという。

たとえば、タワーズワトソンの「2014年グローバル労働力調査」によると、日本の場合、エンゲージメントレベルの高い社員二十一%、ある程度高い社員十一%、低い社員二十三%、非常に低い社員四十五%なのに対し、世界平均は同順に四十%、十九%、十七%、二十四%だった。こうした調査からは、会社や仕事に縛られて、イヤイヤ働く日本のビジネスマンの姿が見えてくる。

社員のモチベーションが低ければ、労働生産性が上がるはずもない。

日本のメディアはあまり報道していないが、実は日本の行き過ぎた企業や雇用者の保護システムについて、海外からは疑問の声が出ている。OECDが作成した『OECD対日審査報告書2015年版』では、生産性を高めるためにビジネス環境の改善を求めている。具体的には「労働市場の柔軟性、流動性を強化する」「再生可能な企業の事業再編を支援し、存続不可能な企業の退出を促すためにも政府による中小企業への支援を削減する」ことなどを提言している。

同一労働同一賃金で格差解消

雇用問題で議論の大きなテーマとなっているのが、正社員と非正規社員の格差の問題である。日本の正社員は世界中で最も守られた労働者たちといっていい。これに対し、非正規の社員は一定条件を満たさないと、社会保険や雇用保険にも入れない、あまりにも守られていない労働者たちである。このため、正社員は会社にしがみついて辞めようとしない。会社を辞めない人が多いため、再就職できる場もできない。だからますます辞めにくくなる。この悪循環が雇用の流動化の実現を妨げているのである。

日本で非正規社員が増えはじめたのは、実は一九八〇年代からである。前に説明した通り、一九七九年の判例によって、正社員の解雇が事実上、不可能になった。それが大きく関わっている。

ビジネスには需要の波がある。需要が高まって繁忙期になることもあれば、需要が急減する場合もある。夏だけ売れる、冬だけ売れるという季節商品を扱っていれば、季節ごとに必要な人員の数が変わってくる。

企業は正社員を増やしてしまうと、解雇ができず、需要の減少に応じた対応ができなくなるため、正社員の採用を極力抑えて、契約社員を増やそうとした。これが、非正規社員が増えた第一の理由である。正社員と非正規社員の格差は、規制緩和や競争の激化で生まれたものではなく、法制度の歪みが生んだものなのである。

この状況を変えるには、「同一労働同一賃金（equal pay for equal work）」を明記した基本法をつくり、同じ労働をしている場合には、雇用形態にかかわらず、同じ条件にすることが必要だ。その大前提として、正社員も非正規社員も全員が雇用保険や年金（厚生年金など）に入れるようにしなければならない。

フルタイムと短期勤務者など、同一労働でない場合には条件の差があっていいが、雇用保険と年金には正規・非正規にかかわらず、同一に加入できるようにするのである。こうすれば不必要な格差は解消されて、多様な労働の形も守られることになる。そもそも、正規・非正規という名称そのものがおかしい。

労働問題を取り上げると、「派遣社員切り」が必ず話題に上がる。「待遇が悪くかわいそうだ」「リストラの調整弁になっている」などと声を上げる評論家やジャーナリストも多い。

ただし、注意しないといけないのは、そもそも派遣社員として働いている人は、すべての労働者のなかで二・六％（二〇一四年、厚生労働省「就業形態別労働者割合」）に過ぎない点だ。非正規労働者の割合を見ると、パートタイム労働者・契約社員のほうがずっと多い。しかも、あるアンケート調査によると、派遣で働いている人の七〜八割は、自ら好んで派遣という働き方を選んでいる。

今、派遣を減らそうとすると、正規雇用は増えず、今度は請負が増えることになるだろう。派遣と請負とどちらがいいのか。労働者からすれば、明らかに派遣のほうが権利は守られている。請負のほうは、使用者責任が及ばないからである。

多様な雇用制度があることが、それぞれの事情に応じて自由な形で働くことを可能にする。親の介護や子育てのため、フルタイムで働けない人は短時間勤務ができるようにする、資格取得などほかにやりたいことがある人や、副業がある人は週五日働かなくても構わない。

このように多様な働き方を認め、幅広い層の人に働いてもらうことが、雇用の流動化を進め、労働人口を増やすことにもつながるのである。

男女雇用格差をなくす

日本の生産年齢人口（十五歳以上六十五歳未満）は、二十年前の一九九六年から減少し続けている。総人口は二〇〇八年をピークに減少傾向に転じているが、生産年齢人口はその十年以上前から減り続けているのである。

日本ではタブー視されているが、アメリカでもオーストラリアでも成長戦略を議論する場合、必ず最初に検討されるのは移民の問題である。経済成長を果たすには、労働人口を増やすのが一番シンプルな解決策だからである。

電気自動車や宇宙輸送事業を手がけ、世界のビジネス界で今、最も注目されている実業家イーロン・マスク氏はアメリカ国籍を取得したが、もともとは南アフリカの生まれである。グーグルの共同創業者セルゲイ・ブリン氏もアメリカ国籍を取得したが、旧ソビエト連邦（現ロシア）出身である。

これでわかるように、アメリカは伝統的に移民を受け入れてきた国であり、優秀な移民の力によってイノベーションを起こしてきた歴史がある。最近ではオーストラリアも移民受け入れを積極的に議論している。

移民受け入れによって、各国が内政問題を抱えているのは十分に承知している。イギリス国民が国民投票でEU離脱を支持したのも、この問題が大きかった。特に日本は同質的な社会である。移民受け入れに、強いアレルギーがあることも理解できる。

しかし、常識的に考えれば、この人口減少が続く状況を放置することはできない。「移民は社会を不安定にする」という意見もあるが、放置しておけば、日本社会が著しく衰退する可能性がある。現在でさえ、地方は過疎に悩み、駅前の商店街はシャッター通りになっているところも少なくない。移民および外国人労働者の受け入れの議論が出てくるのは当然のことだ。

いうまでもなく、どの国も決して無条件に移民を受け入れているわけではない。どのような形ならば移民を受け入れられるのか、どういう場合に制限するのか考えることが大切なのである。

私は、移民にアレルギーのある日本では、いきなり移民を受け入れるのではなく、まず期間を定めたゲストワーカー制を進めてみてはどうかと提案している。実は同じアジアでも、韓国や台湾では一部業種での単純労働者の受け入れを認めるなど、外国人労働者の受け入れを積極的に推し進めている。

日本の場合、女性は三十歳前後まで働き、結婚・出産を機に離職し、子育てが一段落した四十歳前後で社会に復帰するというパターンがよく見られる。働く女性の数を年齢別のグラフにすると三十歳代のところが凹んだ「M字型」になる。女性が出産・子育てなどで離職しなければ、労働年齢人口の大幅増につながる。仮に、M字型の凹みの解消などで、男女の雇用格差がなくなれば、日本のGDPは十五%前後も高くなるといわれている。

当の女性にとっても、M字型の働き方はマイナスだ。現在の労働体系上、復帰後は非正規社員になることが多いため、給料が安くなる。このため、大学卒業後、同じ総合職で働き続けた男性に比べて、生涯収入でおよそ二億円の差がつくとされている。

ただし、現実的には結婚すれば家事との両立を迫られることになるだろう。そこで、外国人労働者をゲストワーカーとして迎え入れ、家事支援をしてもらうのである。

私が大学で教えていた学生、特に女子学生に「社会に出た場合、ほしいものが何かあるか」と聞くと、ほとんどが「メイドさんがほしい」と答える。慢性的に数が足りない保育施設の状況をニュースで知れば、そう答えるのは当たり前だ。

すでに国家戦略特区を活用し、神奈川県（東京圏）、大阪府（関西圏）がゲストワーカーによる家事代行の解禁を決めている。小池知事になってから、東京都も受け入れを表明した。

香港で会社を経営している知人の日本人女性は「メイドさんのいない人生なんて、私には考えられない」と話していた。香港でメイドさんを雇うのはもはや当たり前になっているという。日本でもシステムを整えれば、こうした女性が必ず増えてくる。

冷静に議論したい移民問題

私が移民および外国人労働者について話すと、「特定の組織や団体の利益誘導ではないか」と必ず訝《いぶか》しがる人がいる。しかし、それについては反論がある。私は二十五年以上前からずっと移民の重要性について語ってきたからだ。この間、私の肩書はいろいろ変わったが、その点で主張はぶれていない。

エコノミストの香西泰さんとの対談集『三日間の経済学　日本経済・入門』（ＪＩＣＣ出版局／

一九九一年七月発行）のなかで、香西さんの「二十一世紀は民族大移動の時代になるかもしれない」という発言を受けて、私は次のように答えている。ちなみに、当時の肩書は慶應義塾大学総合政策学部助教授である。

——私も、日本が直面する中期的課題のなかで外国人労働者の受け入れはトップにランクされる重要課題だと思います。

なぜそれほど重要かというと、まず香西さんも言われた国際世論との関係があります。人を受け入れて、トレーニングし、送り出し、その国に外貨を獲得させることは、経済大国の重要な国際的貢献の一側面だと思うのです。

第二の理由は、日本国内の問題として、一九八〇年代の終わりころから生産年齢人口の伸びが極端に少なくなってきていることです。経済が拡大していくのに、生産年齢人口が減少しているのは、かなり深刻な構造問題だと思います。日本国民の生活を豊かにするためにも、労働力がいっそう必要になってくる。しかも中途半端な技術革新ではとても解決できない、かなり深刻な問題です。その意味でも、ルールを決めて外国人労働力を受け入れる体制が必要になっています。

——

私はその頃から日本の人口構成を見た場合、労働年齢人口の大幅減少が確実に予測できたため、日本は遅かれ早かれ移民の問題に突き当たるだろうと考えていた。しかし、日本の政治はそれに対し、何ら有効な手を打ってこなかった。それが問題なのである。

これも当時とまったく同じことをいうが、日本に必要なのは、広い意味での「移民法」だと思う。移民が大量に押し寄せた場合、ルールがあれば取り締まりができるが、現在は不法移民を取り締まる法的根拠もないのである。

実際に二〇一四年だけで約五千人が日本に難民申請していて、どういう基準か明確にされないまま、法務省の裁量に委ねて十一人だけが難民と認められた。私は受け入れのルールは厳しくしたほうがいいと考えている。ただし、明確化しなくてはならない。

移民を拒む最大の理由は治安に対する不安だろう。しかし、シンガポールでは住民の四十％前後が移民だが、犯罪率は日本より低い。人口規模や防犯対策の違いなど、さまざまな要因が考えられるだろうが、やり方次第でコントロールできるという一つの証明になるだろう。

かつてソニー社長兼CEO時代の出井伸之さんがダボス会議でいった名言がある。今の日本を指して、「ミドルエイジ・シンドローム（中年症候群）だ」と評したのである。

中年になると、「この歳で運動したら腰を痛めるんじゃないか」などと考えて、何かにチャレンジすることに億劫になる。そうすると、何もやらないから余計に不安になる。バブル崩壊後の日本は「不安だからやらない、何もやらないから不安」という中年症候群になってしまった。

移民の問題が議論のテーマに上ったとき、ヒステリックな反応をするメディアや一部の経済評論家を見て、私が思い出したのが先ほどの出井氏の言葉である。彼らのなかには、日本の将来に対する漠然とした不安があるように思う。少なくとも二十五年前には、こうした話題が出ても感情的な反応をする人はいなかった。

日本人は本来、移民を拒否する精神構造ではないと思う。飛鳥・奈良時代には、文化をもたらしてくれる人として、大陸からの渡来人を重用した。江戸時代にも明王朝が滅亡する際、朱《しゅ》舜《しゅん》水《すい》ら亡命学者を受け入れた。近代になってもそれは変わらず、明治時代には多くの外国人の指導のもと、近代化を成功させた。

賛成・反対にかかわらず、移民の問題は長期的な視野から冷静に検討することが必要である。

第八章　成長戦略④負の所得税は画期的なセーフティネット

「インクルーシブ・グロース」

ここ数年で最も世界的に注目を集めた経済書といえば、フランスの経済学者トマ・ピケティ氏が書いた『21世紀の資本』（翻訳・山形浩生・守岡桜・森本正史／みすず書房）だろう。日本でも二〇一四年に発売されて七百ページを超える専門書にもかかわらず、ベストセラーになった。

この本のなかで、ピケティ氏は、「r（資本収益率）＞g（経済成長率）」という非常に単純な数式を根拠に、「だから、資本を持っている人はどんどん金持ちになり、持っていない人との差は絶望的になる」というロジックを展開した。

現在、世界ではピケティ氏が問題視している資本収益率が低下し、このままだと経済先進各国が「長期停滞」に陥るという議論がさかんになされている点を見ると、彼が展開するロジックには疑問点もある。しかし、『21世紀の資本』に掲載された膨大なグラフの数々を見ていると、世界で経済格差が拡大していることは確かな事実として浮かび上がってくる。

最近、世界で使われはじめた経済用語に「インクルーシブ・グロース」という言葉がある。

インクルーシブという単語は「すべてを含んだ・あらゆる人たちを受け入れた」という意味がある。世界各国は今、大なり小なり、格差社会に頭を悩ませている。そこで、「誰かを排除せずに、全員が参加できるような経済成長」というテーマが、世界的に注目されはじめているのだ。

ただし、経済格差が急拡大している現象は、アメリカ、イギリスなど、アングロサクソン諸国に顕著である。日本は彼がいうほどの格差社会にはなっていない。ピケティ氏は「絶望的な格差を是正するために資産課税を行うべき」と主張しているが、現在の日本では実は彼が要請する以上の資産課税を実施している。相続税という名の資産課税だ。重い資産課税のせいで、日本から資産家が出て行ってしまう危険すら抱えている。

しかし、ピケティ氏が警告していることの現代的意味については、重く受け止めるべきだと私は考えている。それは、現時点ではそれほどではないものの、日本にも本格的な格差時代が訪れようとしているという警告だ。

かつての民主党政権時代に、日本経済全体が悪くなった。大前提として、日本経済全体が悪ければ、日本人の生活がよくなることはありえない。そこで「全体」をよくするために、アベノミクスを掲げて自民党が政権の座に返り咲いた。

小泉政権のときもそうだったが、ある程度「全体」がよくなると、必ず批判が出る。「全員がよくなっていない」と。世界的な傾向として、経済全体がよくなっても、全員がよくなりにくくなっている。

理由はいろいろと考えられるが、その大きな要因に、技術格差の問題があると思う。技術革新が一部の人にメリットをもたらす一方で、新しい技術に付いていけない人との格差を大きくしていくのである。

技術革新には大きく二つのパターンが存在する。一つはいわば「フォークリフト型」で、フォークリフトのように新しい技術、機械がすべての人にメリットをもたらすケースである。こちらは広範な賃金格差を引き起こさず、社会全体の利便性を向上させる。

もう一つは今まさに起きているデジタルな技術革新で、使いこなせる人がさらに新しいことを実現する一方で、技術にアクセスできない人はメリットをなかなか享受することができない。こちらは社会全体の利便性が向上する一方で、広範な所得格差が引き起こされる。

このため、今後は日本でも「インクルーシブ・グロース」をより重視すべきだろう。経済全体をよくする一方で、その恩恵をいかに多くの人にもたらすか、その点が経済政策で問われるようになる。

規制改革と貧困対策は両輪の政策

メディアで格差問題が取りあげられるとき、いまだに「小泉内閣のせいだ」といわれる。これについては明確に否定しておきたい。

少なくとも、マクロの統計を見ていると、事実認識が間違っていることがわかる。格差を測る指標となるジニ係数（社会における所得分配の不平等さを測る指標。係数の範囲は〇から一で、数値が一に近づくほど格差が大きい）は一九八〇年代半ばから一貫して高まっている。小泉政権の時代はむしろジニ係数の上昇が減速する。このことは内閣府が作成した二〇〇九年度「年次経済財政報告（経済財政白書）」の分析で、明確に示されている。

その理由は簡単に推測できる。小泉政権下では経済がよくなって、失業者が減っていたからだ。失業者が増えると、ジニ係数は高まる。なぜならば、失業者というのは所得がゼロの人であるから、所得ゼロの人の数が増えれば、ジニ係数が表す所得の不平等は高まる。

日本の場合は、社会の高齢化が進むにつれて、ジニ係数が三十年以上ほぼ一貫して上昇し続けている。しかし、小泉改革の時代は、むしろ格差拡大が止まったというのが、ファクト（事実）の正しい認識なのである。

実は小泉政権が続いていたとしたら、私は一番やりたかったことがある。それは貧困対策である。

二〇〇六年、政権が代わり仕事を引き継ぐとき、後任に求めた政策の一つが「本格的な貧困調査をしてほしい」ということだった。貧困を解決する政策をつくるには、実態をきちんと把握できていないといけない。

大きく分けると、貧困の原因には三つある。

①働きたいが、職がない……雇用対策が必要になる。
②仕事があるが、賃金が安い……最低賃金制度の見直しが必要になる。
③健康上の理由で働けない……生活保護が必要になる。

現在の日本では、これがどれくらいの割合で何人いるかわかるデータがない。調査によって、貧困の状況とその理由がわかったら、対策を打てばいい。

私が貧困対策を重要だと考えるのは、労働市場の流動化をはじめ、これから規制改革を進めた場合、それによってこぼれ落ちる人たちを救うためだ。規制改革とセーフティネットは両輪の政策である。

私が経済の道に進んだのは、和歌山県立桐蔭高校時代、倫理社会を習った北内齊先生の影響が大きい。先生が宿直の日の夜九時頃、部屋におかきとコーラを持参し押しかけた。そのとき、先生からいわれた言葉がある。「大学に行ける者は、行けない人の分まで勉強しろ」である。この言葉を肝に銘じて大学時代は勉強に励んだ。

現在もメディアでこの問題がさかんに取り上げられる。当時も学業はできたが、経済的な事情で大学に進学できない人たちがいた。それは今以上かもしれない。私自身も地方都市の小さな商店の次男で、東京の大学に出してもらえるかどうかわからなかった。両親はおそらく食べるものも食べないようにして、仕送りしてくれていたのだと思う。

貧困問題の解決は、私の経済学者としての出発点だと考えている。

中間所得者の税率引き上げを

格差問題を論議するとき、注意しなくてはならないのは、それが多分に相対的な問題であることだ。

私は自分のことをよく例に出して説明する。

私は学者なので、別に自分の所得を最大にすることを目的に働いているわけではない。たとえば、日本でいえばソフトバンクグループ社長の孫正義氏、アメリカでいえばマイクロソフト創業者のビル・ゲイツ氏のような人と比べれば、所得の格差はものすごいだろう。しかし、私はそれが問題だとはまったく思わない。彼らのような実業家には事業で儲けてもらって、たくさん税金を払ってもらい、たくさんの人を雇用してもらうのが、社会にとってはいいことである。

政策の順番としては、まず経済の全体をよくする。次に貧困対策を実施する。その間、儲けたい人は儲ければいいというのが、私の基本的な考え方だ。

「所得格差は大きいが、収入の下の人が最低の生活水準を満たしている」「所得格差は小さいが、収入の下の人が生活水準を満たしていない」。このどちらが問題であるかといえば、明らかに後者のほうだ。格差のない社会のほうがいいことはいうまでもない。しかし、成長を無視して「格差、格差」と声高に叫ぶと、政策の本質を見失う、さもしい議論になりがちである。

私がよく引用する言葉にイギリスの政治家、サッチャーの言葉がある。「金持ちを貧乏人にしたところで、貧乏人が金持ちになるわけではない」。まったくその通りである。高所得者をいじめて、そこから税金をごっそり取っても、格差問題が解決されるわけではない。結局のところ、経済活力を失うだけの結果になる。

本気で格差を是正するのであれば、私は税改革に踏み込むべきだと思う。

日本の場合、意外にも〝普通の人〟が所得税を払っていないことが問題である。

所得税率十%以下の人が納税者全体の何割かといえば、イギリスが三%、アメリカが二十七%、フランスが三十九%なのに対し、日本では何と八十三%（二〇一五年一月現在、内閣府税制調査会、図1）になっている。つまり日本の累進構造は、中所得者まではきわめてフラットで、一部高額所得者に対してのみ、相当に高い税率が適用されるという仕組みになっている。

所得再配分を重視するなら、本来、中間所得者に対する税率引き上げを行うべきだ。いくつかの研究によっても、日本は税制による再配分効果が小さいことが知られているが、これは高額所得者の税率が低いのではなく、中間所得層の税率に問題があるからと考えられる。

普通の人にももっと所得税を払ってもらわないと、税は成り立たない。しかし、政治家はこれ

【図1】所得税の限界税率別納税者数割合の国際比較

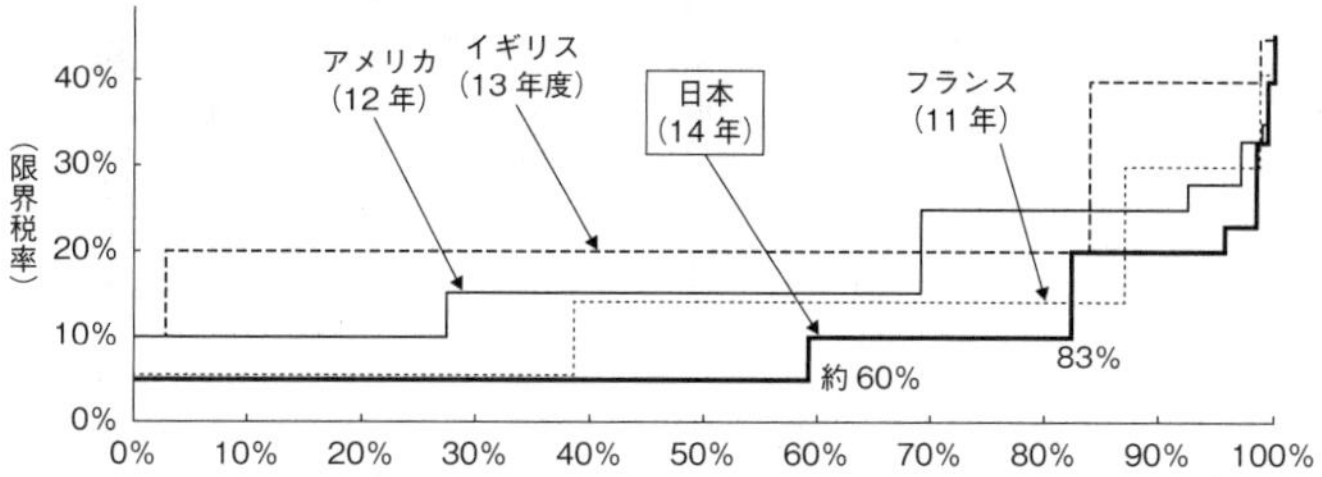

出典：内閣府税制調査会

がいえないから、何でもかんでも消費税で、といっているのである。

ほかの国を見てほしい。貧困を予防・救済し、社会を安定させる社会保障を消費税でまかなっている国はほとんどない。

理由は簡単だ。お金持ちも貧しい人も、生活するためにはある程度のモノを買わなくてはならない。所得の差ほどには消費の差というのはないため、所得の低い人にとっては、その所得に対して、消費税という税負担の割合が大きくなってしまうのだ。つまり消費税には「逆進性」がある。このため、社会保障は消費税ではなく、所得の再配分をしやすい所得税でするのが理に適っているのである。

ところが、政治家が一九九〇年代から「消費税を上げて社会保障をまかなう」とずっといっているため、国民はこの話をもう疑いもしない。これは大きな間違いである。

資産家には年金を辞退してもらう

社会保障については、国民が誤解している点がほかにもある。

たとえば、年金について見れば、GDPに対する年金支払額の割合は、福祉が充実しているといわれるイギリスをすでに上回っている。年金も医療も、GDP比で見ればOECD平均を超えている。

一方で日本に欠けているのは、若い世代に対する社会保障や、子育て・産休のための社会保障である。

年金額のGDP比はイギリスより日本のほうが高いが、若い世代に対する社会保障費の比率はイギリスの四分の一程度である。子育てのために家庭に入った女性が仕事に戻るときの保障や、雇用対策としての職業訓練などに、国はもっとお金をかけるべきだと思う。

職業訓練については小泉内閣のとき、職業訓練バウチャー（利用券）のアイデアを経済財政諮問会議に何度も出したが通らなかったことは、今もって非常に残念である。

仮に将来、増税をしようとするのであれば、高齢者の社会保障の充実ではなく、ほとんど手がついていない若者への社会保障に充てるべきである。

一方、公的年金制度については、抜本的な見直しが必要だ。

年金とは、生きるリスクに対してかける保険である。生命保険は逆に死ぬリスクにかける保険だ。どんなに高い掛け金を払っていたとしても、ピンピン生きていたら生命保険は一銭ももらえない。それが保険というものである。これに対し年金は、「九十歳まで生きるつもりでそこまでのお金を貯めていたけれど、百歳まで長生きしちゃった」という〝生きる〟リスクを保障する制度なのである。

ところが、今の日本の年金制度は、六十五歳になったら、全員に給付している。国民皆保険・皆年金制度が施行されたのは一九六一年。大ヒットした映画『ALWAYS三丁目の夕日』の頃である。あの頃の日本人の平均寿命は六十六歳（男性）だったが、今は男性が八十一歳、女性が八十七歳まで伸びている。

私は日本の資産家に決して恨みがあるわけではない。しかし、若い人たちが一生懸命に働いて稼いだわずかなお金のなかから保険料を徴収して、大企業のトップのような老後のお金に困らない人たちの給付に充てるのが健全な姿だとはとても思えない。

年金の受給開始年齢を六十五歳から引き上げる。また、マイナンバーで所得と資産を管理し、高齢になったとき、金銭的に余裕があって年金なしでやっていける人たちは、年金を辞退してもらい、その代わり本当に必要な人たちにはもう少し手厚く給付する。こうした手を打たない限り、日本の年金制度はいずれ成り立たなくなるだろう。

そもそも日本人は、社会保障に対して誤解をもっている。保険は不測の事態に備えるものである。自分が九十歳まで生きそうだと思ったら、九十歳まで生きる分のお金を自分で貯めておかないとダメなのである。年を取ったら国が支えてくれると思い込んでいることが、日本人の問題である。

それがイヤで、国に老後の面倒をみてほしいのなら、スウェーデンのように若いときに自分の稼ぎの三分の二を国に渡すことである。たとえば、皆さんが高給取りのサラリーマンで年収が一千万円だとすれば、そのうちの六百何十万を国に渡すということである。そうでもしないと、今多くの人が思っている「年をとったら国が面倒を見てくれる」というような仕組みはできない。

ただし、私はそういう国に決して住みたいとは思わない。

「給付付き税額控除」を導入せよ

もちろん、私は今の日本でセーフティネットが足りているかと問われれば、「決してそうとは思わない」と答える。

今の生活保護は、生活が相当に追い詰められてから一定の現金や現物を受給するシステムだ。働いた分、支給を減らされるので、受給者が働くインセンティブを持ちにくい欠点もある。世界的に厳しい競争環境にさらされ、格差が拡大しようとしている今、併せて新たなセーフティネッ

【図2】給付付き税額控除のイメージ

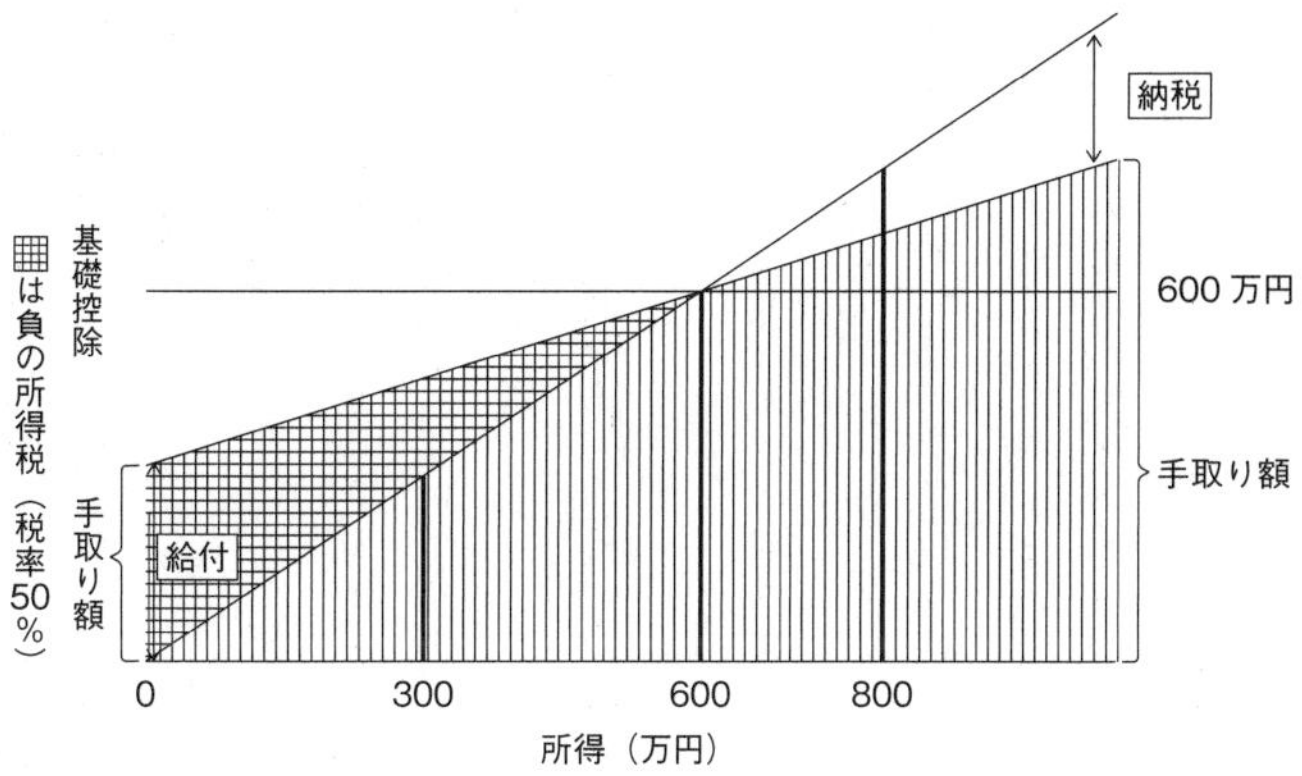

トを用意することが必要になる。

このセーフティネットとして提案したいのが、〝負の所得税〟とも呼ばれる「給付付き税額控除」である。

これは一九七六年にノーベル経済学賞を受賞したアメリカの経済学者ミルトン・フリードマンが提唱した制度で、一定の所得水準以下の人は税金を納めずに給付金を受け取り、ある一定の収入を超えると、それに応じた税金を支払う、という仕組みである（図2）。

仮に、六百万円を一定額（基礎控除額）、負の所得税率を五十％、他の控除額がないというケースで考えてみよう。まず課税所得額が六百万円の人は、所得税がゼロになるので、手元にはそのまま六百万円が残る。

課税所得額が三百万円の人は、基礎控除額の六百万円を引くとマイナス三百万円になるので、「負の所得税」、つまり補助金を受け取ることになる。補助金額は三百万円×五十％＝百五十万円になる。つまり、課税所得額の三百万円に補助金の百五十万円を加えた四百五十万円が手取りの収入になる。

また、課税所得額がゼロの人は、基礎控除額の六百万円を引くとマイナス六百万円になるので、「負の所得税」として、六百万円×五十％＝三百万円の補助金を受け取ることになる。

これらに対し、課税所得額が八百万円の人は基礎控除の六百万円を引くとプラス二百万円になるので、二百万円×五十％＝百万円を所得税として支払うことになる。したがって、手元に残る金額は七百万円になる。

このように生活保護と違って、働いた分だけ所得が増えるので、働くインセンティブにもつながる。

海外では一九九九年にイギリスで当時のブレア政権が制度化。それ以降、フランスやオランダなどが続いている。

これまで日本では民主党政権時に給付付き税額控除が一度検討されたが、非常に正確な所得捕捉が求められるため、実現が見送られた経緯がある。しかし、マイナンバー制度がスタートしたことで、この障害が取り除かれた。導入のチャンスが訪れたのである。

二〇一六年の参議院選挙に勝利し、安倍総理のポリティカル・キャピタル（政治資本）は強くなっているが、それが継続するのは数ヵ月から一年だろう。逆に、この間に新しい政策をすみやかに打ち出せるかどうかが、政権の安定化にとってきわめて重要なポイントになってくる。

給付付き税額控除は生活保護、場合によっては従来の年金制度との一体化も可能にする。まさに税と社会保障の本当の意味での一体改革である。それは第二章でも説明したが、国税庁と日本年金保険機構が統合して「歳入庁」になることを意味する。

政治的に実現は難しいだろうが、もし安倍政権がイギリスやフランスなどに続き、給付付き税額控除を実現すれば、歴史に名を残す政権になると思う。

養子縁組制度の見直しを

本章の最後に、私が人道的な見地から提言したいことがある。それが養子縁組制度の見直しである。

現在の日本では厚生労働省が把握しているだけでも、毎年何と約二十万人が中絶している。統計で把握しているのが二十万人ということは、実際にはもっと多くの未来の命が奪われていると推測できる。その多くの理由が、産んでも育てる自信がないからだという。

その一方で不妊などの理由で残念ながら子宝に恵まれなかったが、子どもが欲しいという夫婦はたくさんいる。私は養子縁組の制度を整備すれば、多くの命を救えるのではないかと思い、ルールを調べてみたが、これが非常に複雑である。

日本には長らく家存続のための養子縁組、普通養子縁組が一般的だった。この場合、養子が生みの親（実親）との親子関係を存続したまま、育ての親（養親）と親子関係をつくることになる。

一方、子どもの福祉を目的とした養子縁組に特別養子縁組がある。この制度は一九八八年に、菊田医師赤ちゃん斡旋事件（一九七三年）をきっかけにできた。菊田医師が中絶を望む妊婦を説得して出産させ、虚偽の出生証明書を作成、子どもを欲しがっている夫婦に斡旋したというこの事件は、一九七〇年代半ば、社会的な大騒動を引き起こした。

特別養子縁組で親子関係を結ぶと、実親との親子関係は切れ、養親と子どもは実の親子と同じ関係になる。ただし、①実親の同意が必要、②養親は夫婦そろっており、基本的に二十五歳以上・子どもの年齢は申し立て時に六歳未満、③家庭裁判所の許可が必要、④離縁は原則認められない、などという具合に、要件が非常に厳しい。さらに養子縁組を斡旋する法制度の整備が遅れているため、養子縁組を支援するルートも限られている。

アメリカではソーシャルワーカーによる養親審査がかなり厳しいが、シングルや同性カップルでも養子を迎えられたり、税金の優遇措置が受けられたりするため、養子縁組が日本に比べてさかんに行われている。

日本ではもともと養子縁組に対し、おおらかに受け入れる国だった。

第二章でも紹介した高橋是清は、江戸幕府御用絵師の川村庄右衛門が奉公に来ていた侍女、北原きんに手をつけて生まれた子どもであった。川村家にはすでに六人の子どもがいたため、是清は仙台藩の足軽、高橋覚治のもとに預けられた。その後、覚治の祖母、喜代子がたいそう是清を気に入ったため、高橋家に養子として迎えられることになるのだ。当時の養子制度が、日本の一大危機を救う、のちの大経済家を生んだといっていい。

救える命を救うためにも、養子縁組制度の改善が必要だと私は考えている。

第九章　アベノミクスの司令塔とアジェンダ設定

日本を待ち受ける二〇一八年問題

二〇一五年九月、安倍総理はニューヨーク市内にある経済・金融情報会社ブルームバーグ本社で、アメリカの機関投資家など約二百五十人を前に英語でスピーチを行った。
「あらゆる政治資源を投入してやり抜く決意です。一にも、二にも、三にも、私にとって最大のチャレンジは、経済、経済、経済であります」

私はこの言葉に嘘偽りはないと考えている。実際、自民党が大勝した二〇一六年の参議院選挙が終わったあとの記者会見でも、総理の話の実に約八割が経済問題だった。

成長戦略を進めていくには、その哲学やシナリオを国民にはっきりと示していかなくてはならない。その点で、安倍総理は前々から「規制改革こそが成長戦略の一丁目一番地である」と明言してきた。日本の岩盤規制を崩すには、まさにあらゆる政治資源を投入せねばならない。その点で参議院選挙の結果、強い政治基盤を得たことは、安倍総理にとって非常に大きい。

私が日本の将来に決して楽観的になれない理由に、社会・経済の二〇一八年問題がある。二〇二〇年開催の東京オリンピック・パラリンピックが日本経済にとっての期末試験であるなら、二〇一八年は中間試験のようなものである。

政治的には、「二期六年」という自民党党則の見直し等がなければ、安倍総理の自民党総裁任期の期限になる。

経済的には、デフレ脱却を掲げ、アベノミクスの第一の矢として金融政策を担ってきた日本銀行、黒田東彦総裁の任期の期限になる。

財政的には、財政再建計画の中間年度に当たり、プライマリーバランスの対GDP比赤字幅一%を達成することを想定している。

金融的には、グローバルに業務を展開する銀行の健全性を保つための新たな国際的基準「バーゼルⅢ」の重要ルールが先行して適用される見通しである（本格実施は二〇一九年）。

産業界では、有期契約労働者の問題がある。二〇一二年に労働契約法が改正され、二〇一三年四月一日に施行された。この法律によって、契約社員や派遣など有期契約労働者が同じ職場で五年を超えて働く場合、無期労働契約に転換することを使用者側に求めることができるようになった。二〇一八年は改正労働契約法施行後、五年目にあたるので、この無期転換ルールが適用される有期契約労働者が出てくる。このため、直前に雇い止めが大量に出る可能性がある。

二〇一八年になると、こうした不安定要因がいろいろと重なってくる。それだけに、強力になった政治基盤を使って、日本経済を早急に立て直さなくてはならない。残された時間は一年半しかない。経済の立て直しができないと、契約社員や派遣社員、パートの間で失業者が急増する事態なども予想される。

一方、景気が浮上していれば、たとえば黒田総裁の再任も視野に入ってくるだろう。私は黒田総裁が継続して金融政策を担い、金融緩和の出口戦略まで指揮することが金融市場に混乱を起こさない選択だと考えている。

東京五輪という期末試験を受ける前に、日本経済が失速することだけは何としても避けなくてはならない。

安倍政権が改革を進めるうえで最大の障害となるのは、アベノミクス第一ステージでデフレ脱却の兆しが見えた途端、日本中に広まった「コンプレイセンシー（慢心）」（第四章）の雰囲気である。また大手メディア各社が二〇一六年七月の参院選前後に実施した世論調査を見ると、安倍政権の経済政策に対する国民の評価が下がっているにもかかわらず、政権に対する支持は相変わらず高い。

これではむしろ「何もしないほうがいい」となり、政府の改革に対するインセンティブを削ぐのではないかと私は危惧している。

アベノミクスの司令塔はどこか

二〇一六年六月、「ニッポン一億総活躍プラン」や「経済財政運営と改革の基本方針（骨太方針）」、「日本再興戦略（成長戦略）」、「規制改革実施計画」という経済政策の基本方針を示す四つの計画が閣議決定された。これらの計画によって、規制改革や技術革新の支援、働く環境の改善などを図り、二〇二〇年頃に名目GDP六百兆円を目指す内容である。

私の感想を率直にいえば、これまでの延長線上で「骨太方針」をつくり、「成長戦略」を作成し、今度は「ニッポン一億総活躍プラン」という具合に、プランが増え、メニューも幅広く揃えてきたが、今回は発表直後に参議院選挙を控えていたこともあり、思い切った規制改革には踏み込めていないように見える。なお一層のブレイクスルーが必要だと思う。

実は私がアベノミクスのプラン作成において、心配していることがある。それは司令塔の存在感の希薄さである。私は経済財政諮問会議が、司令塔としてもっと存在感を高めるべきだと思う。

今の政権は、よくも悪くも経済産業省の官僚を中心にして動いている。ミクロ政策に強く経済活性化に貢献した一方、マクロ政策や金融政策をもっと強化する必要がある。成長戦略を立てるのであれば、「日本の成長率が何％から何％に高まるのか」というマクロな議論を踏まえなくてはならない。また消費増税の是非や軽減税率の設計などは、経済政策の重要テーマにもかかわらず、諮問会議ではほとんど議論されなかった。

政策会議はたくさんあるが、法律で位置付けたうえで、総理が議長を務めるのは、経済財政諮問会議と国家戦略特別区域諮問会議である。諮問会議の存在感が低下しているのは実にもったいない。

小泉政権時代の経済財政諮問会議は、財務省や経産省の主張のほか、民間企業の言い分なども議論して、最後に総理が決断した。私はそれを「お白洲」に喩えたものだ。今は諮問会議がそうしたクッション的役割を果たせず、消費税率引き上げ再延期の際も、結果的に首相官邸と財務省との対立のように、国民の目には映ることになった。

さまざまな政策的な課題について首相の政治判断を重視しているのだろうが、大事な政策については総理のもとで侃々諤々《かんかんがくがく》議論して、総理が最終決断するスタイルが望ましいと思う。

重要なのは、目標を実現するために何をするのかというアジェンダ（行動計画）を示すことだ。「これで日本が変わる」というメッセージ性のあるアジェンダを設定し、国民にもっとアピールしなければならない。

アジェンダとは、ボウリングのセンターピンのようなものである。小泉政権ではそれが郵政民営化であった。このアジェンダには二つの重要な役割がある。

一つ目は、わかりやすいことである。宅配便「クロネコヤマト」は民間なのに、なぜ郵便小包「ゆうパック」は公務員がやっているのか。こう説明すれば、国民の誰もが改革の中身を理解できる。

二つ目は、センターピンが倒れたら、周りのピンもドミノ形式で次々と倒れるかもしれないと期待させることである。当時二十六万人の組織が民間になって、小さな政府が実現する。競争が激しくなって、サービスの質が向上する。このように国民の誰もが、世の中の〝景色が変わる〟と期待したことだろう。

実際に郵政民営化というセンターピンを倒したことで、小泉内閣に対し国民は最後まで変わらぬ強い支持をしてくれた。私は小泉改革を改めて振り返ると、改革を進めるうえで世論が最大の応援団だったと思う。

このアジェンダ設定を経済財政諮問会議で進めるべきだ。せっかくいい成長戦略を立てて、個々の改革メニューをいくら揃えても、これがないと、ただのスローガンで終わってしまう。この点をぜひ強化しなければならない。

センターピンはリニア大阪延伸

私がセンターピンになりうる政策として考えている案が二つある。

一つはリニアモーターカーの名古屋・大阪同時開通である。

二〇一五年八月、東海旅客鉄道（JR東海）はリニア中央新幹線の東京・名古屋間の開業を目指し、本格的な工事に入った。計画では二〇二七年に東京・名古屋間が開通、その後、二〇四五年に大阪まで延伸する予定である。

ただし、その後、安倍総理は参議院選挙後の記者会見で、ギアを入れてアベノミクスを加速するため、財政投融資（財投）までをも活用してＪＲ東海を財政支援、リニア中央新幹線の全線開業（大阪までの延伸）を最大で八年間、前倒しすることを表明している。財投の規模は三兆円程度になる見通しだ。

私は開業計画を見直すのであれば、東京・名古屋間で開業するのではなく、最初から東京・大阪間を結べばいいと考えている。

リニアで結べば、東京・名古屋間は約四十分、東京・大阪間は約六十七分でつながることになる。これは大阪が八王子にあるようなものである。東京圏、名古屋圏、大阪圏という日本の巨大都市圏がリニアによって一つの超巨大都市圏になるわけだ。

第五章でも紹介した通り、現在産業を革新させるイノベーションが起きているのは「メガ・リージョン（大都市圏）」内である。人と人とのつながりこそが、イノベーションの源泉なのである。東京・名古屋・大阪という三つの都市圏が擁する人口は約六千六百万人。リニアの開通によって、世界に類のない「超メガ・リージョン」が日本に誕生することになる。これでイノベーションが起きないはずがないと思うのは、私だけだろうか。

前に取り上げた『２０５０年の世界　英「エコノミスト」誌は予測する』のなかで、私が正鵠《せいこく》を得ていると思う指摘がある。それは「世界がイノベーションの競争の時代を迎える」である。

日本がこれから成長し続けるためには、イノベーションは絶対に不可欠である。

さらにいえば、リニア中央新幹線は山間部に敷設される。このため、地震による津波の危険性も軽減される。

私がこのような主張をある大手新聞で書いたところ、風の噂で「JR東海側はこの案について、あまりよく思っていない」ということを聞いた。JR東海が反対する理由の一つに、財務の問題があるのだろう。

しかし、私は「現在のマイナス金利とコンセッション」を併せて活用すれば、結果的に公的資金を使うことなく、リニアの大阪延伸は可能だと考えている。具体的には、ゼロ金利下で短期の資金調達を行い、既存の鉄道建設・運輸施設整備支援機構を使って名古屋・大阪間の鉄道を建設する。そして、その運営権を、JR東海に時間をかけて売却すればよいのである。

この方法をとれば、JR東海は財務を悪化させることはない。国も財政投融資を中小企業や教育などの支援に回すことができる。

リニア新幹線は大阪まで開通してこそ本来の効果が期待できる。これを一気に早めることが東京五輪以降の日本に夢を与えることになる。

公共投資の拡充こそ今必要

意外に思われるかもしれないが、私が今スイッチングでやるべきことの一つは、公共投資の拡充だと考えている。

小泉内閣では小泉総理の果敢な決断で、それまで増え続けてきた公共投資を削減した。二〇〇一年に小泉内閣が発足したとき、最初の予算編成である二〇〇二年度予算で、公共事業を前年度比で約十%削減したのである。

それは当時の公共投資にやたら無駄があったことを、国民にシンボリックに気づいてもらいたかったからだ。一九九〇年代を通じて、音楽ホールが全国で年間約百施設造られていた。年間を通し、一週間に二つ新設された計算だ。美術館は年間二十五施設造られていた。こちらは二週間に一つ新設された計算になる。

いくら立派な音楽ホールを造っても、採算がとれる演目などそうそうあるものではない。オペラを一度も上演したことのないオペラハウスもあったようだ。結局、町のカラオケ大会を開催する羽目になっていた。私は「これではダメだ」と感じていた。

九〇年代の公共事業がＧＤＰに占める割合は一貫して高い。ＯＥＣＤ加盟の主要国を見ると、一・五%から三%くらいの間なのに対し、日本は六%を超えていた。

しかし、小泉内閣以降、民主党政権時代も含めて、基本的に公共事業費を減らす方向で動いてきた。気がついてみると、安倍政権が始まる前の公共事業のGDP比率はピーク時の六・三％程度から三・二％前後の水準まで下がっている。他の先進国で比率が高いのはフランスで、毎年およそ三％程度で推移している。つまり、フランス程度にまでは予算を削減できたわけである。

このため、東日本大震災のあと、国土強靭化基本計画の話が出たとき、私は全面否定をしなかった。日本は本格的な災害対策だけでなく、保有する多くの社会資本ストックのメンテナンスが必要である。さらにいえば、ヨーロッパは何百年かけて公共施設を建設してきた歴史があり、十分な蓄積がある。たとえば、フランスでは近代的な下水道システムをナポレオンの時代に造っているが、日本ではまだ整備的段階である。

経済先進諸国で「長期停滞論（セキュラー・スタグネーション）」が取りざたされている今、投資を増やすことが景気後退（リセッション）を防ぐ何より有効な方法である。その点からしても、これまでとは逆のスイッチングをし、インフラ投資の拡充を検討する時代が来たと私は考えている。

ただし、それは九〇年代にあったような、維持費ばかりが膨らむ金食い虫のような投資であってはならない。公共事業はしっかりと実行する。その代わり無駄な箱物を造ってもいけないし、財政に負担をかけてもいけない。だからこそ、「コンセッションを徹底活用しよう」というのが私の主張なのである。

同一労働同一賃金は霞が関から

私が提言するもう一つのセンターピンが「霞が関特区」である。この特区を、同一労働同一賃金を推進する場にしたい。

参院選後に発足した第三次安倍再改造内閣が取り組む最重要課題として、安倍総理は同一労働同一賃金の導入や長時間労働の是正など「働き方改革」を挙げ、働き方改革担当相を新設した。改造内閣発足直後の記者会見で、総理は「同一労働同一賃金を実現し、非正規という言葉をこの国から一掃する」と力強く宣言した。

安倍総理を議長に、加藤勝信一億総活躍・働き方改革担当相ら関係閣僚や有識者で構成する「働き方改革実現会議」を設置し、二〇一六年度内を目標に働き方改革実行計画を策定。同一労働同一賃金のガイドラインについては、年内をめどに策定し、早期に関連法案を国会に提出する方針である。

第七章でも解説したが、日本経済を活性化するためには、硬直化した労働市場の改革が不可欠だ。そのためにも、同一労働同一賃金の導入が急がれる。

同一労働同一賃金を実現するために、私は国から実行可能なガイドラインが提出されることを期待している。しかし、果たしてそれが民間企業ですぐに導入できるものなのか、その点に不安が残る。私は、まずは政治の力で霞が関を特区にし、中央官庁で同一労働同一賃金を始めてみるのがいいと思う。

「官」が「民」に同一労働同一賃金のシステムを実際に見せるのである。

霞が関には、国家公務員採用総合職試験に合格して上級職員として採用されたキャリアと、そうでないノンキャリアという国家公務員がいる。さらに、地方自治体や民間企業から出向している職員がいる。たくさんのパートタイム職員もいる。現在はキャリア官僚とそれ以外の職員の待遇には大きな差がついている。

ただし、同一労働同一賃金制は、同じ内容の仕事をしたから、まったく同じ賃金を支払うというほど、単純なものではない。実現しようとすれば、いわゆる正規採用の職員は転勤があるから、それをどの程度考慮するのか、あるいは午後五時以降、残業をする人と子どもやお年寄りが家庭にいて残業ができない人とでは、どのように手当に差をつけるのか、などといった細かい諸問題を解決しなければならない。こうしたケースをどのように判断するのか、具体的な事例を霞が関で集めていくのである。

もしも「霞が関特区」が実現したら、国民が政治家と官僚に拍手喝采すると思う。

ミシガン大学社会調査研究所のロナルド・イングルハート教授が中心となって、世界約二十五ヵ国の政治観や労働観、教育観などを調べた「世界価値観調査」と題するアンケート調査がある。

この「2005年版」の調査を見ると、日本人はほかの国と比較して、「新聞・雑誌」や「テレビ」などの組織を信頼する比率が非常に高く、「政府」や「行政」などの組織を信頼する比率がかなり低いのが特徴である（もちろん、十年程前の調査なので、現在はマスメディアに対する信頼度はもっと低くなっていると思うが）。

国は社会保障制度をはじめ、これから国民の痛みを伴う改革を実行することになるはずだ。こうした改革を呑んでもらうためにも、私は痛みが伴う改革を霞が関でまず始め、国民の政治と行政に対する信頼を取り戻しておくことが肝心だと考えている。

再生エネルギー開発に舵を切れ

安倍政権内のパワーバランスを見た場合、これまでの財務官僚ではなく、経産官僚の力が強いのが特徴である。この〝経産省政権〟の功罪が今、表れている。

「功」の面では、企業活動を活発化させる環境を整えようと、積極的に動いている。法人税を下げつつあるし、厚生労働省や農林水産省に強い攻勢をかけて、農業や医療の分野で改革を進めている。経産省的な尖った政策が功を奏しようとしている。

これに対し、「罪」の部分といえば、自身の省庁の政策に甘くなるせいなのか、まさにお膝元となるエネルギー問題が、イシュー（争点）としてほとんど上がってこない点にある。

私は小泉さんが主張する脱・原子力発電に賛成である。地震国である日本は、将来にわたって原発を持つことはできないと思う。

従来、原子力エネルギーのコストは非常に安いといわれてきた。現在もその前提で原発の再稼動を進めようとしている。しかし、二〇一一年の東日本大震災による福島第一原発事故で明らかになったのは、事故後の汚染除去や解体作業の費用、さらには賠償費なども含めると、そのコストはきわめて高くなるということだ。

加えて、放射性廃棄物をどう処理するかいまだに決定的な解決策が見つからない。小泉さんは「今、工場を一つ建てようとしたら、産業廃棄物をどうするか処理計画を立てなければ、建設など認められない。ところが、原発では廃棄物処理の問題が解決できないのに、あちこちに発電所を建ててしまった」とよくいう。私は本当にその通りだと思う。

当面は石油やガスといったエグゾースティブル（枯渇しうる）エネルギーに頼るとしても、やがてこれらは尽きることになる。さらに、日本にはこうした資源はごく少量しかない。今のうちに再生可能エネルギーの開発に日本は舵を切るべきだと思う。

最終的には、原発よりも再生可能エネルギーのほうが、コストが安くなるだろう。

今チャンスなのは、アメリカが再生可能エネルギーに対する関心を失いつつあることだ。アメリカではシェールオイル・ガスの採掘が活発になり、今後しばらくはエネルギー源を国内でまかなうことができる。このため、再生可能エネルギーに関する技術開発はかなり後退するだろう。日本にとって強力なライバルが一つ減ることになる。

当面の競争相手はヨーロッパ各国だけになる。日本が先進技術を開発すれば、世界のスタンダードになることができる。現在もバイオ燃料などについては、先進的な研究が進んでいる。日本はそれだけの能力を持っている。

日本はエネルギーに関して、これまで継続的におおよそ一兆円の予算を充ててきた。実に、そのうちの四割以上が原発に使われてきた。今でこそ再生可能エネルギー関連の予算は増えているが、その前はわずか七〜八%だった。私は原発に使う予算を減らし、その分を再生可能エネルギーの開発に充てるようなスイッチングが必要だと思う。

もちろん、今すぐ原発を全部廃棄すべきかどうかは議論の余地がある。今後のエネルギー需要をにらみながら、長期的な視野に立って方針を決めればよい。しかし、少なくとも、これから新しく原発を建てようという国民的な合意が得られるとは思えない。それが五年後、十年後、十五年後になるかわからないが、原発はゼロに向かって進んでいくことは間違いないだろう。

私は今後のエネルギー政策は、原発から再生可能エネルギーに大胆にスイッチする方向で考えたほうがいいと思う。

アベノセイダーズになる日本人

第六章で紹介したマサチューセッツ工科大学のキャッチフレーズの一つに、「レジリエンス・オーバー・ストレングス」がある。

レジリエンスは日本語でいう「復元力」、ストレングスは「強さ」である。つまり、この標語は「強さよりも復元力が重要だ」という意味になる。

たとえば、どんなに強い構造のビルを造ったとしても、大地震が起き、津波が襲えば建物が壊れることはある。絶対潰れない建物をつくることはできない。だから、万が一、建物が壊れた場合はどう復元するか、それが重要になるということだ。

このレジリエンスという言葉は、実は東日本大震災のときに、欧米のメディアが日本を絶賛して使った言葉である。日本は関東大震災で関東から東海地方まで、多くの建物が跡形もなく倒壊した。太平洋戦争では日本中の都市が焼け野原になった。それでも日本は立ち上がってきた。「今回も同じだ、必ず復興する」と。なぜなら「日本人には復元力があるからだ」とメディアは伝えていた。

私たちは二〇一一年夏季ダボス会議に参加するにあたり、被災地の女子高校生を連れていき、スピーチをしてもらった。非常に感動的な内容で、外国の参加者たちは彼女の話を聞いて涙を流していた。そして「日本の経済は悪くなった。政治も悪い。でも日本人は劣化していない。君たちは必ず再建できる」と口々に語ってくれた。

しかし、最近のメディア報道を見ていると、復元力のもととなる、このような日本人の真面目さ、素晴らしさが失われつつあるのではないかと心配している。

最近、インターネットの世界では、「アベノセイダーズ」という言葉がはやっているらしい。一部のメディアや評論家のなかに、「有名な元プロ野球選手が覚醒剤で逮捕された」という芸能・スポーツの事件から、「イギリスのEU離脱決定」といった世界を揺るがす国際的事件まで、世のなかで起きている悪い出来事をすべて安倍総理のせいにする人たちがいる。こうした人たちを揶揄《やゆ》して、「アベノセイダーズ」と呼ぶのだという。

この言葉を意識して、新聞や雑誌を見てみると、たしかに「アベノセイダーズ」らしき人たちがあちこちに出現しはじめた。

小泉総理の好きな本に、「天は自ら助くる者を助く」という文章で始まるサミュエル・スマイルズの『自助論』（翻訳・竹内均／三笠書房）がある。明治時代にとてもよく読まれた本（当時の書名は『西国立志編』）で、私も大学の学生に読むよう、よく薦めていた。

私は小泉総理という、強力なリーダーシップを持つ総理大臣の下で約五年半の間、構造改革に取り組んだ。いくつかの成果を上げたと実感しているが、その一方で世の中そんなに簡単に変わらないと感じたことも少なくない。要は一人一人が努力して、小さな成功事例を一つでも多くつくっていくことでしか、日本に大きな変化は生まれない。

いつの時代でも、生きる基本は自助自立である。それをきちんと実行する人がたくさんいればいるほど、社会の弱者を多く助けることもできる。つまり、どんな時代であっても、自分の力を高めることが大切なのである。アベノセイダーズになっては駄目だ。

安倍総理には選挙に大勝した今こそ、「日本経済再生のチャンス」という認識を持って果敢にチャレンジしていただきたい。国民もアベノミクスに期待するのはいい。ただし、構造改革を進めていけば、国民のなかには我慢せねばならない人たち、あるいは我慢せねばならないときが、きっと出てくるだろう。その点だけは最後に強調しておきたい。

あとがき

読者の皆さんはすでにお気づきかもしれないが、この本のなかで繰り返し登場するキーワードがある。それが「イノベーション」である。

この言葉を初めて定義した経済学者が、ヨーゼフ・シュンペーターである。「二十世紀を代表する経済学者は誰か」と聞かれれば、私はケインズとともに躊躇なくシュンペーターの名前を挙げる。ちなみに、二人はともに一八八三年に生まれている。

シュンペーターは「資本主義のダイナミズムの源泉はイノベーションである」と唱え、不断のイノベーションこそが、経済を変動させるという理論を提唱した。イノベーションを説明するにあたり、シュンペーターは以下のような面白い表現をしている。

「馬車を何十台つないでも、機関車にならない」

つまり、過去の改良ではない、非連続の大きな変化こそが、イノベーションの本質というわけである。

シュンペーターの理論は大変難解なドイツ語で書かれているが、日本では早くから彼の書籍が翻訳されて刊行された。それはシュンペーターの弟子に二人の日本人がいたからである。

一人は中山伊知郎先生、もう一人が東畑精一先生である。ほぼ同時期、ドイツにいたシュンペーターのもとで経済学を学んだ二人は、その後協力し合い、シュンペーターの主要作を翻訳していった。

中山先生は、それまでマルクス経済学が中心だった日本に、近代経済学をもたらした経済学者で、長らく一橋大学で教鞭を執られていた。私が一橋大学に進学したのは、前述した北内先生から「一橋大学は近代経済学の中心地で、中山伊知郎さんという立派な先生がいる」と聞いたことが大きい。

一方、東畑先生は農業経済学の権威で、長い間、政府税制調査会のトップなど、政府諮問機関の要職を歴任された。その東畑先生が今から五十年ほど前、ちょうど前回の東京五輪が開催された一九六四年に刊行した一冊がある。『日本資本主義の形成者』（岩波新書）である。

東畑先生は、明治以降の日本資本主義の変遷と問題点を追究したこの本を、以下のような文章で締めている。少々長くなるが引用してみたい。

「会社企業、法人企業が今日の産業界の常態であるが、農業界では農業法人の設立さえ容易なものではない。（中略）農地法には改革されるべき点が多い。概括していうなら、現代の農業技術の水準に応じた「農場」を作りだすという観念に弱いのである。（中略）農業界を見るとき、日本資本主義の主体形成史は極めて初歩的な段階にあるといわざるをえまい。

明治維新から今日まで百年に近い。しかしことがらの進展はまさに以上のごとくである。かくて日本経済は全体としては、まだまだであるといわざるをえまい」

このように、戦後復興を果たした当時の日本経済を見て「まだまだ初歩的な段階にある」と評された東畑先生が、現在の日本経済を見たら、一体どのように感じられるのか。

私は五十年前と同じく、「まだまだである」ときっといわれるに違いないと想像する。たとえば、東畑先生が指摘された農業を産業として確立させるという農業改革の状況を見てみると、誰もがその必要性を訴えるものの、改革は遅々として進んでいない。

明治維新の開始を何年とするかは諸説あるようだ。ただし、一般的には大政奉還、および王政復古の大号令が起きた一八六七年とすることが多い。二〇一七年は明治維新成立、百五十周年にあたる。

〝明治維新から今日まで百五十年〟となる記念すべきこの年に向けて構造改革を一気に進め、それが経済再生に向けての足がかりになることを私は期待している。本書でも紹介した通り、国家戦略特区、コンセッションなどと、その芽は小さいながらたしかに息吹いている。

私がよく取り上げる名言の一つに、フランスの作家、アラン（エミール＝オーギュスト・シャルティエ）の「悲観主義は気分のものであり、楽観主義は意志のものである」がある。私は日本の将来を決して悲観していない。

二〇一六年十月

竹中平蔵

参考文献一覧

『日本資本主義の形成者』（東畑精一／岩波書店／一九六四年）
『三日間の経済学　日本経済・入門』（香西泰、竹中平蔵／JICC出版局／一九九一年）
『地球人ライブラリー　高橋是清伝』（〈口述〉高橋是清、〈筆録〉上塚司、〈現代語訳者〉矢島裕紀彦／小学館／一九九七年）
『日本の時代史16　享保改革と社会変容』（〈編者〉大石学／吉川弘文館／二〇〇三年）
『メディアと倫理　画面は慈悲なき世界を救済できるか』（和田伸一郎／NTT出版／二〇〇六年）
『世界主要国　価値観データブック』（〈編者〉電通総研、日本リサーチセンター／同友館／二〇〇八年）
『危機の宰相』（沢木耕太郎／文藝春秋／二〇〇八年）
『資本主義と自由』（ミルトン・フリードマン、〈訳者〉村井章子／日経BP社／二〇〇八年）
『2050年の世界　英「エコノミスト」誌は予測する』（英『エコノミスト』編集部、〈訳者〉東江一紀、峯村利哉／文藝春秋／二〇一二年）
『なぜ大国は衰退するのか　古代ローマから現代まで』（グレン・ハバード、ティム・ケイン、〈訳者〉

久保恵美子／日本経済新聞出版社／二〇一四年）
『ハバード経済学　準備体操編』（竹中平蔵、真鍋雅史、小野展克／日本経済新聞出版社／二〇一五年）
『図説　日本の財政（平成27年度版）』（〈編著者〉大矢俊雄／東洋経済新報社／二〇一五年）
『日本経済の再生と国家戦略特区』（〈編著者〉安田信之助／創成社／二〇一五年）
『日本企業の社員は、なぜこんなにもモチベーションが低いのか？』（ロッシェル・カップ／〈発行〉クロスメディア・パブリッシング、〈発売〉インプレス／二〇一五年）
『日本農業は世界に勝てる』（山下一仁／日本経済新聞出版社／二〇一五年）
『空港は誰が動かしているのか』（轟木一博／日本経済新聞出版社／二〇一六年）

編集協力
メディアプレス
古澤佳三

竹中平蔵

1951年、和歌山県生まれ。一橋大学経済学部卒業後、日本開発銀行入行。大阪大学経済学部助教授、ハーバード大学客員准教授、慶應義塾大学総合政策学部教授などを経て、2001年より小泉内閣で経済財政政策担当大臣、郵政民営化担当大臣などを歴任。現在は東洋大学グローバル・イノベーション学研究センター長・教授、慶應義塾大学名誉教授など。著書に『大変化　経済学が教える二〇二〇年の日本と世界』(PHP新書)、『400年の流れが2時間でざっとつかめる　教養としての日本経済史』(KADOKAWA)ほか多数。

講談社＋α《プラスアルファ》新書　747-1 C

世《せ》界《かい》大《だい》変《へん》動《どう》と日本《にほん》の復活《ふっかつ》

竹中教授の2020年・日本大転換プラン

竹中《たけなか》平蔵《へいぞう》

2016年10月20日第1刷発行
2016年11月 9 日第2刷発行

発行者―――― 鈴木 哲

発行所―――― 株式会社 講談社
東京都文京区音羽2-12-21 〒112-8001
電話 編集(03)5395-3522
販売(03)5395-4415
業務(03)5395-3615

デザイン―――― 鈴木成一デザイン室

カバー印刷―――― 共同印刷株式会社

印刷―――― 慶昌堂印刷株式会社

製本―――― 牧製本印刷株式会社

本文データ制作・図版― 講談社デジタル製作

ISBN978-4-06-272946-8